dtv

Die Suche nach Möglichkeiten, die geschlechtliche Lust zu mehren, ist keine Erfindung moderner Zeiten. Schon immer haben Menschen Mittel und Wege gefunden, das sexuelle Verlangen anzuregen und zu steigern. Die enge Verbindung zwischen Sinnlichkeit und Ernährung ist augenscheinlich. Nicht zufällig empfand Giacomo Casanova nach einem Liebesmahl die körperliche Vereinigung mit seiner Tischpartnerin als natürliches Recht. Das Diner à deux, das Abendessen zu zweit, ist auch heute noch, was Essen immer schon war: eine lustvolle Verführung. In Europa besteht traditionell eine enge Verbindung von aromatisierten Speisen, Gerüchen und heftiger Begierde – mal gewollt, mal verpönt. In Asien verschmelzen sexuelle und kulinarische Sinnlichkeit im Tantra, dem buddhistisch-hinduistischen Kult, alle Kräfte des Seins sinnlich erfahrbar zu machen. ›Scharfe Sachen‹ erzählt vom Reich der Sinne, der Inszenierung der Lust, der Erfüllung der Gier und dem Schwelgen im Genuß. Aphrodisiaka und ihre Wirkungen werden beschrieben und luststeigernde Rezepte aus der »Küche der Venus« vorgestellt.

Cristina Moles Kaupp studierte Germanistik, Politische Wissenschaften und Publizistik. Sie arbeitet seit zehn Jahren als Journalistin, unter anderem für das Berliner Stadtmagazin ›Tip‹, den ›Tagesspiegel‹ und den Sender Freies Berlin.

Cristina Moles Kaupp

SCHARFE SACHEN

Ein erotisches Kochbuch
mit Zeichnungen
von Thomas August Günther

Deutscher Taschenbuch Verlag

Ein Projekt der Edition diá, Berlin

Originalausgabe
Februar 1998

Umschlagkonzept: Balk & Brumshagen
Gestaltung und Satz: Rainer Zenz, Berlin
Gesetzt aus der Minion 10/12'
Druck und Bindung: C. H. Beck'sche Buchdruckerei, Nördlingen
Gedruckt auf säurefreiem, chlorfrei gebleichtem Papier
Printed in Germany · ISBN 3-423-36075-5

Inhalt

Liebe geht durch den Magen

Der Mann liebt Weiß. Hemd, Weste, Hose, sogar der Hut sind blütenweiß. Ein Dandy, wie er im Buche steht. Ein Lebemann mit viel Geschmack. Das Luxusweib an seiner Seite paßt zu ihm: jung, schön, grazil, verspielt und immer lächelnd. Jetzt liegt sie nackt im Hotelbett, halbbedeckt vom hellen Laken. Beobachtet, wie er, noch angezogen, mitten im Zimmer steht, Champagner einschenkt in ein hohes Glas, nachdenklich irgendwie.

Es klopft. Der Hotelboy bringt Nachschub, starrt verlegen auf die nackte Brust der Frau. Noch mehr Champagner, Krustentiere und andere Leckereien? Der Mann hebt sein Glas, sie winkt ihm, komm doch endlich, her zu mir. Ein Kuß. Zartes Knabbern am Ohrläppchen. Seine Zunge leckt über ihre rasierte Achselhöhle, er greift zum Salzstreuer. Läßt langsam Salz auf ihre Knospe rieseln, langt nach der halben Zitrone, die ihn von der Obstschale aus anlacht. Quetscht sie über ihrem Busen aus. Lutscht gierig, Salz, Zitrone, Kerne. Sie quietscht und windet sich, krabbelt über ihn, zum Sahnetopf, taucht die Brust hinein und wieder zurück zu ihm. Stopft seinen Rachen voll mit warmem Fleisch und weichem Weiß. Legt sich neben ihn, die Finger vor den Mund. Ist das Honig, was plötzlich langsam da heruntertropft? Wird einfach weggelutscht. Jetzt ein Schluck Rotwein. Er gießt ihn in eine kleine Glasschüssel, schnappt sich eine schlanke, noch lebende Garnele, wirft sie dazu und stülpt seiner Schönen rasch die Schüssel auf den Bauch. Ein Krabbeltier in Panik, kitzelt ihren schönen Unterleib im Todeskampf.

Szene aus dem japanischen Film ›Tampopo oder das Geheimnis der Nudelsuppe‹ von Juzo Itami

Der Dandy steht am Meer und beobachtet, wie eine jugendliche Austernfischerin aus den Fluten taucht. Ihr helles Kleid klebt an ihrer zarten Figur. Tropfend steht sie vor ihm.

»Was hast du aus dem Meer geholt?« fragt er.

Sie zeigt ihm ihren Korb mit Austern.

»Kann ich eine haben?«

Sie nickt, öffnet eine und hält ihm die schimmernde Schale entgegen. Er nimmt sie, preßt sie ungestüm an den Mund. Zuckt zurück – die Lippe blutet. Bedauernd läßt er die rauhe Schale sinken und starrt das Mädchen an.

»Kann ich Ihnen helfen?« Sie greift sich die Schale, schneidet das Fleisch heraus, es gleitet in ihre nasse Hand. Forschende Blicke, ein Tropfen Blut fällt auf das glänzende Muschelfleisch. Hastig schlingt er es hinunter. Bleibt sinnend stehen, wartet auf den Nachgeschmack. So schön in Weiß, mit wirrem schwarzen Haar, dem frischen Rot an seiner Lippe. Sie kann nicht widerstehen. Reckt sich empor zu ihm und leckt lüstern sein Blut.

Szene aus dem japanischen Film ›Tampopo oder das Geheimnis der Nudelsuppe‹ von Juzo Itami

So manch begründete Theorie geht davon aus, daß vor der Lust, sich zu paaren, und dem Bedürfnis, sich fortzupflanzen, die Suche nach Eßbarem steht, daß die Natur den Hunger vor die Sexualität gesetzt hat. Das Verfahren, den Sexualpartner zu verspeisen – bei Einzellern durchaus üblich und mit dem schönen (Neben-)Effekt der Fortpflanzung behaftet –, liegt für viele Menschen am düsteren Ende ihrer moralischen Skala und steht doch möglicherweise am Anfang der Sexualität.

Nicht nur wissenschaftliche Theorie und der unersättliche Volksmund (»zum Fressen gern haben«) wissen vom engen Zusammenhang von Nahrungsaufnahme und Erotik, auch viele Religionen thematisieren ihn. Die christliche Transsubstantiationslehre greift mit Christi Aufforderung »nehmet, esset, das ist mein Leib … trinket, das ist mein Blut« nicht nur auf den uralten Brauch des Menschenopfers zurück, sondern auch auf den Glauben, über die Substanz des Verzehrten die in ihm wohnenden Kräfte in sich aufzunehmen und ihm möglichst »nahezukommen«. Wer zweifelt, daß hier die Erotik gemeint ist, denn was ist sie anderes oder mehr als das ekstatische Verlangen nach Vereinigung, so oder so? Die europäische Kunstgeschichte kennt denn auch nur wenige unerotische Abbildungen des Heilands – das Auge ißt eben doch mit.

Auch Artemisia zerpulverte nach dem Dahinscheiden ihres Gatten dessen Knochen und trank sie mit Duftstoffen, in Wasser aufgelöst. Nirgendwo sonst erschien ihr der Geliebte besser aufgehoben als in ihrem Körper. Von der engen Verknüpfung zwischen Fressen, vor allem in seiner besonderen Form des Kannibalismus, und Erotik strotzen Märchen und Mythen, aber auch zahlreiche Werke der Weltliteratur wie ›Penthesilea‹ von Heinrich von Kleist, ›Ulysses‹ von James Joyce oder ›120 Tage von Sodom‹ des Marquis de Sade.

Die Therapierung eines »verrückten« Zustandes

Letztlich aber muß die Menschheit sich wohl der Erkenntnis beugen, daß die Pforte zum Sinnenparadies verriegelt und der Versuch, sie mit Hilfe von Drogen, Kräutern, Tränken, Steinen, toten Menschen, Blut und Sperma sprengen zu wollen, zum Scheitern verurteilt ist. Sie ermöglichen allenfalls einen kurzen Blick durchs Schlüsselloch.

Eva und Adam haben mit ihrem verbotenen Griff zum Apfel die Erotik begründet und den Blick auf ihr innerstes Wesen – Neugier und Verbotsüberschreitung – freigelegt. Sie haben die endgültige Trennung von Tisch und Bett provoziert und so das Verlangen nach dem Einswerden mit dem anderen, nach der Vereinigung, in unser Herz gesenkt. Daß Erotik und Essen das Bett miteinander teilen, daß der Hunger nicht nur Nahrung, sondern auch Geschlecht meint, all das ist seitdem allgemein bekannt – und tragisch gestört.

Der Weg zu einer erfüllten Erotik ist eigentlich die Therapierung eines »verrückten« Zustandes. Salben, Amulette, Zaubersprüche – kaum ein Kraut oder Tier, das nicht zur Steigerung der Liebeslust in geheimnisvolle Mixturen eingerührt, dessen Kraft sich nicht »einverleibt« wurde. Gerade die Lebenstechniken von Tieren erscheinen dem Menschen überlegen. Sie sind kräftiger, mutiger, schneller und fruchtbarer. Tiere können schwimmen, tauchen, fliegen, bauen kunstvolle Nester, wechseln die Farbe ihrer Haut, haben schärfere Sinne. Zudem besitzen sie furchtbare und wirkungsvolle Waffen: Hörner, Krallen, giftige Stacheln und Zähne. Sie teilen elektrische Schläge aus und schützen sich mit Panzern und Gestank. Und dann die Häufigkeit ihrer Paarung und die Größe ihrer Geschlechtsorgane! Beeindruckt sieht die Menschheit in ihnen Träger urwüchsiger Macht. In manchen vermutete man Tauschgestalten für Götter oder Übermenschen: Zeus kam als Stier auf die Erde, die Germanen zitterten vor Werwölfen, im Kongo lebt die Sage von den Leopardenmenschen.

Obwohl sich pharmakologisch keine liebessteigernde Wirkung bei tierischen Aphrodisiaka nachweisen läßt – ein dickes Steak füllt allenfalls die Kraftreservoirs –, sind für ein Quentchen mehr Potenz besonders Hörner und Hoden hochbegehrt. Wer ein solches Amulett trägt, wer Hirschgeweihe, das Horn des Stieres und des Rhinozeros in seine Liebestränke raspelt oder getrocknete Hoden und Phallen zu sich nimmt, hofft, daß sich Brunst und Kraft des jeweiligen Geschöpfes auch auf ihn übertragen, daß die Macht des Tieres auf ihn übergeht. Biberschwänze an Autoantennen künden ebenso davon …

So ist ein kleiner Ölkäfer, im Altertum Cantharis genannt, unter dem irreführenden Namen »spanische Fliege« eines der populärsten Aphrodisiaka. Er enthält die giftige Substanz Kantharidin und »garantiert« pulverisiert und in kleiner Dosierung ein Maximum an Lustgewinn. Trotz seiner gefährlichen Nebenwirkungen – Entzündungen und Verätzungen, bereits 30 Milligramm wirken tödlich – landete der grüne Käfer in unzähligen Liebestränken und Salben, und noch immer werden in moderne Aphrodisiaka minimale Spuren Kantharidin gemixt.

Auch in Pflanzen müssen phantastische Kräfte wohnen – weshalb sind sie sonst so überreich an Farben, Formen und Düften, ganz zu schweigen von der Wirksamkeit zahlreicher Pflanzengifte? Besonders in mächtigen Bäumen und Sträuchern vermutete man den Wohnsitz einflußreicher Götter: Zeus wurde die Eiche, Athene der Ölbaum, Pan der Efeu, Wotan die Esche und der ägyptischen Göttermutter Hathor der Feigenbaum als Wohnsitz zugewiesen. Stamm und Rinde, Blätter, Früchte und Samen waren von göttlicher Kraft durchdrungen. Die Wurzeln, die sich bis ins tiefe, dunkle Erdreich bohren, begriffen die Menschen stets als Heilsspeicher, durch die göttliche Kräfte der Erde in die Pflanze dringen und sie beseelen.

Auch in Duft und Aroma ist die Essenz der Pflanzen enthalten. Dampf und Rauch sollen die Seele vom Körper befreien und telepathischen Streifzügen dienen, die Rauchende und Götter einander näherbringen. Schon von den alten Ägyptern ist der Gebrauch spezieller Duftkapseln überliefert. In Indien gehörten betörendes Räucherwerk und das Verspritzen aphrodisischer Essenzen wie Sandel- und Zimtöl oder Moschus zum Paar-Ritual der Tantriker. Heute haben als Riechstoff zum Bezirzen des Partners Parfüms die Macht übernommen. Hier sind die Grenzen zwischen Tier- und Pflanzenreich fließend: Bibergeil, Bisam, Zibet und Moschus sind tierische Drüsensekrete, die diese während der stark geruchsorientierten Brunst verspritzen – für den Menschen zumeist schlicht atemberaubend. Sogar die Darmausscheidungen des Pottwals kamen als betörendes Ambra in den Handel.

In den siebziger Jahren dieses Jahrhunderts halfen Räucherstäbchen vielen Pubertierenden bei ersten erotischen Erlebnissen, heute sorgt die zunehmend populärer werdende Aromatherapie mit ihren ätherischen Ölen auch bei den mittlerweile Erwachsenen für sinnliche Duftnuancen und anregende Jugenderinnerungen.

Der Sympathieglaube

Die Vertreibung des Menschen aus dem Paradies war endgültig. Auf seinem Weg zur Krone der Schöpfung verlagerte sich das Körperzentrum vom Unterleib in den Kopf. In dem Maße, wie das intuitive Wissen verlorenging, wurde die Frage, was nützlich, was schädlich sei, mehr und mehr rational denn unbewußt beantwortet. Ein Zurück war nicht mehr möglich.

Immerhin gab die Natur selbst hilfreiche Fingerzeige, die der Mensch verstehen lernen mußte. Hinter ihrem Reichtum an Substanzen, Farben, Formen und Gerüchen vermutete er Chiffren. Gelang es ihm, sie zu entschlüsseln, mußte dies doch zur Offenbarung der mythischen Verwandtschaft zwischen Steinen, Pflanzen, Tieren und Menschen führen. Diese Ansicht vertrat der Universalgelehrte und Arzt Philippus Aureolus Theophrastus von Hohenheim, bekannt unter dem Namen Paracelsus, und begründete damit im 16. Jahrhundert eine neue Medizin, die sich von den antiken Vorbildern löste und das ärztliche Wissen ganz aus der Beobachtung der Natur ableitete: »Der Corpus und sein Amt ist ein Ding.« Jeder Stern, jeder Körper, jedes Material, Element und Organ verfügt über spezifische Eigenschaften, die sich anziehen oder abstoßen. Sympathie oder Antipathie, Verwandtschaft oder Feindschaft – die Zeichen der Natur und der Gestirne wollten gedeutet sein. Dieser Sympathieglaube spielte im Mittelalter nicht nur bei der Erklärung der Welt eine große Rolle, sondern auch bei der Zubereitung von Medizinen und Aphrodisiaka.

Damals herrschte in Europa eine relativ freie Sexualität, gegen die die Kirche anfänglich recht erfolglos kämpfte. Sie förderte sie sogar, wenn auch ungewollt, denn die Kreuzzüge zum Beispiel brachten die Einrichtung der öffentlichen Badehäuser nach Mitteleuropa, aus denen später die Bordelle hervorgingen. In den Badehäusern tat man alles, um die erotische Atmosphäre zu steigern, verbrannte Samen und Blätter des Bilsenkrauts, servierte anregende Speisen und Tränke.

Doch im Kampf gegen die Freizügigkeit gewann die Kirche an Boden, indem sie ihren Druck erhöhte. Ihre Erlasse verboten alles, was unkeusch schien und nicht in edler Zeugungsabsicht unternommen wurde. Scharf gewürzte Speisen und gebratenes Fleisch landeten auf dem Index. Als Diät gegen Geilheit kamen Speisen auf den Tisch, »die den Körper feucht und kalt machen, als da sind Kürbisse, Melonen, Portulak, essigsaure und bittere Speisen, gekochte und mit Essig gewürzte Linsen …« (Franceso Rappi: Neues Schatzkästlein der drei Keuschheiten. In: Piero Camporesi: Geheimnisse der Venus) Das Höchstmaß an erlaubter Unterstützung sexueller Ausschweifung gipfelte in einer milchig geratenen Gemüsesuppe mit frischem Brot und halbgaren Eiweißen, sie sollte die männliche Potenz steigern und das Eheglück sichern.

Aber selbst der ehelichen Sexualität wurden Zwänge auferlegt: Der Geschlechtsakt durfte nur noch in einer bestimmten Stellung vollzogen werden, auf indizierte Varianten standen bis zu sieben Jahre Haft. An bestimmten Tagen war der Koitus gänzlich verboten: jeden Sonntag, Mittwoch und Freitag, je vierzig Tage vor Ostern und Weihnachten, bis vierzig Tage nach der Geburt und drei Tage vor der Kommunion – an der eine regelmäßige Teilnahme erwünscht war, bot doch die vorherige Beichte ein hervorragendes Kontrollinstrument.

Doch der Koitus von Fressen und Sex vollzog sich weiterhin. Nicht zufällig verlegte das Mittelalter das erotische Liebesmahl in die dem Schlafzimmer benachbarte Badestube. Und nicht nur Giacomo Casanova empfand nach diesem die körperliche Vereinigung mit seiner Tischpartnerin als natürliches Recht, wie er in seiner ›Geschichte meines Lebens‹ zu berichten weiß. Um im »Krieg der Geschlechter« zu bestehen, holte sich manch einer Rat und Beistand bei weisen Frauen, »Hexen«, Alchimisten und Ärzten. Diese verließen sich bei ihren Rezepturen ironischerweise auf ihre göttliche Eingebung und den Sympathieglauben. Pflanzen, die menschlichen Geschlechtsorganen ähnelten oder deren Säfte nach Sperma oder Vaginalsekreten rochen, stimulierten demnach das Liebesleben. Spargel, Rüben, Gurken, Morcheln und bestimmte Wurzeln mußten für das männliche Glied einfach gut sein; was in seiner Gestalt an eine Scheide erinnerte – Aprikose, Pflaume, Pfirsich –, konnte doch nur die Glut einer Frau entfachen.

Die Suche nach wirksamen Kräutern und Liebesrezepturen ging weiter – Teufels- und Hexenkunst für die einen, Himmelsgaben für die anderen. Aber die Kirche schlief nicht. Mönche waren angehalten, nach Kräutern zu forschen, die den Sexualtrieb dämpfen oder gar ersterben lassen sollten. Der Keuschlammstrauch, die Teichrose und der sogenannte Mönchspfeffer standen in dem Ruf, Begierden einzudämmen, führten aber glücklicherweise nicht zu dem gewünschten Resultat.

Das Geheimwissen der »weisen Frauen« war dem immer einen Schritt voraus. Sie kannten Tinkturen zum Verkleinern und Verfestigen der Brüste, Mittel, die »verschlissene Frau« zu verjüngen oder verlorengegangene Jungfräulichkeit wiederherzustellen. Sie wußten um magische Zauber, die Liebe einer bestimmten Person zu sichern und Widerspenstige zu zähmen. Doch ihre berühmteste Mixtur dürfte die Flug- oder Buhlsalbe gewesen sein. Die genauen Inhaltsstoffe dieser narkotisierend und psychedelisch wirkenden Salben sind nicht überliefert. Nachtschattengewächse, Fette, Weihrauch, Gewürze, verschiedene Gifte und Aphrodisiaka waren Bestandteile. Hexenjäger vermuteten in ihnen Menschenfett und gekochte Babyleichen, Schlaföl, Drachenblut und Teufelsdreck.

Im Mittelalter und während der Renaissance führten besonders die Alchimisten den Sympathieglauben wieder auf ihre Wurzeln zurück.

Sie waren direkt an menschlichen Organen interessiert, frei nach der Erkenntnis von Paracelsus: »Die erhabenste Medizin ist dem Menschen der Mensch«, eine Einschätzung, die auch der italienische Astrologe und Mediziner Girolamo Manfredi teilte: »Es gibt kein Ding noch Speise, die der Ernährung des Menschen zuträglicher wären, denn das menschliche Fleisch, wenn da nicht die Abscheu wäre, den die Natur davor hat.«

Im Aberglauben der Hexen waren bestimmte Körperteile des Menschen für gewisse Arzneien unerläßlich: das Herz, die Augen, Geschlechtsteile, Leber und Nieren. Den Leichenteilen von Hingerichteten wurden bis ins 19. Jahrhundert hinein magische Kräfte beigemessen. Der Leber, seit der Antike Sitz der Seele, sollte Weisheit und Liebeskraft innewohnen. Abgeschnittene Penisse und Finger fanden als »Diebskerzen« reißenden Absatz. »Armsünderfett« und Babyblut flossen in unterschiedliche Salben gegen Impotenz.

In der frühen Neuzeit brachten Juden ägyptische Mumien nach Europa. Sie wurden in den Apotheken zu Tinkturen verarbeitet und hatten den Ruf, Allheilmittel und Aphrodisiaka zu sein. Der Darmstädter Apotheker E. Merck offerierte in seinem Katalog: »mumia vera aegyptica, solange Vorrat, Kilo Mark 17.50«. Mitunter genügten auch Muttermilch oder Ohrenschmalz, Urin oder Exkremente, Absonderungen der Vorhautdrüsen oder Sperma. Wer angewidert zurückweicht und sich freut, daß dies vergangenen Zeiten angehört, sei daran erinnert, daß einige Schönheitscremes auch heute mit Plazenta-Anteilen angereichert werden.

Vermutlich hatten einige der »barbarischen« Verfahren – denken wir nur an die wiederentdeckte Eigenurintherapie – auch einen hohen therapeutischen Wert.

Das Kamasutra

Daß es auch weniger drastische ganzheitliche Möglichkeiten gibt, seinem Liebesleben aufzuhelfen, lassen fernöstliche Liebeslehren ahnen. Das Kamasutra vertritt die Lehre, daß sexuelle Befriedigung für das Wohlbefinden von Mann und Frau von außerordentlicher Bedeutung ist. Dieser Standpunkt wurde in Europa bis in unser Jahrhundert von der Kirche verdammt, besonders Frauen hatten nach Ansicht der christlichen Kirche keinen Anspruch auf eine eigene Sexualität, geschweige denn auf eine befriedigende. Sexualpartner werden im Kamasutra je nach Größe ihrer Geschlechtsorgane in bestimmte Kategorien eingeteilt: die Männer in Rammler, Stier und Hengst, die Frauen in Gazelle, Stute und Elefantenkuh. Für den Verkehr hält das Liebesbuch 64 Varianten bereit, die detailliert und poetisch umschrieben werden. Sadomasochistische Praktiken und die Verwendung von Dildos waren in die Liebesspiele integriert, ebenso die männliche Homosexualität – die weibliche war verpönt. Selbstverständlich empfahl das Kamasutra auch liebessteigernde Rezepte, eine Mischung aus Kosmetik, Medizin und Magie.

Auch die Tantriker überlieferten zahlreiche Rituale und Rezepte zur Steigerung des Liebesgenusses und der psychischen Kraft. Der Tantra-Schüler lernt Details des Sexualverhaltens, die in der westlichen Kultur oft nicht verstanden und schlicht als Pornographie abgetan werden. Dabei dienen ihre Rituale der Verschmelzung von Yin und Yang zu einer Ureinheit. Diese körperliche, seelische und geistige Vereinigung soll dem Menschen seinen Ursprung vergegenwärtigen, damit er zur Erleuchtung komme und seine Göttlichkeit wiederentdecke.

Von Begierde zu Genuß

Wie einfach wäre die Lust, gäbe es das perfekte Aphrodisiakum! Es könnte eine kleine Zauberpille sein, die unwiderstehlich macht, oder das Tröpfchen eines betörenden Duftes, der unsere Sinne verwirrt. Wie reizvoll wäre es, nur eine Prise irgendeines Pulvers ins Essen streuen zu müssen, und der Partner offenbarte sich plötzlich als Kenner vielfältiger erotischer Raffinessen, und das vielleicht sogar nach Jahren des Zusammenlebens. Grenzenlose Entspannung, Schauer der Lust, die den Körper überziehen, Orgasmen, die noch lange nachwirken – eine Utopie, gewiß. Sie zu verwirklichen, ist die Menschheit seit Jahrtausenden unterwegs.

Die Moderne liebt das Diktat der Schnelligkeit. Zeit für detaillierte Inszenierungen der Lust scheinen die wenigsten streßgeplagten Mitmenschen noch zu kennen. Zu Fast food, Handy-Terror und Termindruck gesellen sich minutenkurze »Quickies« und phantasielose One-Night-Stands. Von Aphrodisiaka wird Entsprechendes erwartet, der schnelle Kick, der sichtbare Erfolg.

So versprechen Drogen die besten Resultate: Alkohol natürlich und der inzwischen legalisierte Hanf. Wer das Risiko der verbotenen Substanzen nicht scheut, nimmt Kokain, LSD und Ecstasy. »Es ist seltsam, daß eine Droge, welche die emotionale Nähe fördert, die Empfänglichkeit für Sex verstärken kann und als sexuelles Steigerungsmittel gilt, das Verlangen aber nicht erhöht, sexuell aktiv zu werden«, konstatierten amerikanische Wissenschaftler, die 1985 und 1986 XTC-Untersuchungen im Raum San Francisco durchführten. MDMA und Ecstasy wurden als »mißbrauchbegünstigende Droge« verboten.

Trotz spanischer Fliegen und »Potenzhölzer«, Ecstasy und medizinischer Applikationen, das perfekte Aphrodisiakum gibt es bis heute nicht. Wohl aber kennen wir Pflanzen mit berauschender Wirkung, stimulierende Gewürze, erregende Räuchermittel und unzählige Drogen. So gilt auch hier, daß der Weg das Ziel ist. ›Scharfe Sachen‹ ist eine Orientierung auf der Suche nach dem, was naheliegt: die nackte Fleischeslust, die sinnliche Nähe von Essen und Erotik, die Lust auf das eine und die Gier nach mehr.

Meist war es wohl allein der Glaube, der die gewünschte Wirkung erzielte und Traditionen begründete. Liebeselixiere, erotisierende und stimulierende Speisen verhießen die Wiedergeburt des erschlafften Fleisches und richteten sich meist an die Männer. Denn auch auf dem sinnlichen Parkett liefern diese sich seit Jahrtausenden unerbittliche Duelle.

»So taumle ich von Begierde zu Genuß, und im Genuß verschmacht ich nach Begierde«, bemerkte schon Johann Wolfgang von Goethe. Er war nicht der erste, der über die Symphonien der Fleischeslust sinnierte. Naschen und Schlemmen, ob verstohlen oder offen, das Kosten von Fremdem oder noch besser Verbotenem versprechen ungewohnten Gaumenkitzel und Lust, zumindest in unserer Phantasie, dem Reich wilder Träume und unersättlicher Begierden.

Nur ist Lust niemals hausgemacht. Verführung dringt immer von außen herein, lockt hinaus aufs vertraute und immer wieder fremde Terrain. Bilder, Musik, Gerüche – Vorboten des Glücks. Weniges verspricht größeren Genuß als ein paradiesisches und überraschendes

Festmahl. Exotisch verlockende Leckerbissen und verführerische kleine Schweinereien? Raffiniert oder einfach, pikant oder klassisch? Italienisch, französisch oder japanisch, Beluga-Kaviar oder Reibekuchen mit Apfelmus? Das richtige Maß, die Muße, die Inszenierung sind wichtig, passend zu jedem Naturell.

Ein kleines, sinnlich komponiertes Schlemmermenü mit drei Gängen, mit Vitaminen und Mineralstoffen, frischen Kräutern und leichten Saucen eignet sich bestens als amouröser Appetizer. Aber nicht nur das Diner à deux kann Verführung par excellence sein, auch ein großes Gelage kann wahre Wunder vollbringen.

Liebe, ob körperlich oder emotional, ist nicht, war nicht und wird nicht einfach sein. Die Tür zum Garten Eden bleibt verschlossen. Allein, in der verzweifelten Gier, in der Bedeutung, die der Suche nach dem verlorenen Sinnenparadies beigemessen wird, steckt dennoch ein Körnchen des Gesuchten selbst. Manchmal scheint ein Lufthauch etwas durch die Ritzen der Paradiestür zu uns hinüberzuwehen.

Aphrodisiaka

Aphrodite – Göttin der Liebe

Es war kein gewöhnlicher Meerschaum, der Aphrodite gebar, die Göttin der Liebe und Verführung, wohl eher der Ausfluß des letzten Begattungsaktes von Uranos, dem Gott des Himmels. Die griechische Mythologie weiß von dem schwierigen Liebesverhältnis zwischen ihm und Gaia, der Urgöttin der Erde, zu berichten. Zwar zeugten sie zwölf weibliche und männliche Titanen, doch waren diese derart mißgestalt, daß Uranos sie wieder in den Leib der Erde zurückstampfte. Dessen überdrüssig, schwor Gaia Rache und drückte ihrem Sohn Kronos eine Sichel in die Hand, damit er Uranos entmanne, solle er sich ihr wieder brünstig nähern. Der Zeitpunkt kam, das Werk wurde vollbracht und das mächtige Glied ins Meer geworfen.

Die Wogen umspielten es, und aus dem aufschäumenden Samen – *aphro* bedeutet Schaum – entstieg Aphrodite, wunderschön, vollkommen in Gestalt und Gebärde, sinnlich bis in den kleinen Zeh. Eine Muschelschale brachte die Nackte ans zyprische Gestade, begleitet von Sperling und Taube. Rosen blühten auf bei ihrer Ankunft; wo sie hintrat, sprossen Blumen und duftende Kräuter. Die Insel verwandelte sich in ein Pflanzenmeer, und selbst wilde Tiere wurden bei ihrem Anblick lammfromm.

Hesiod beschreibt Aphrodite als »die das Lächeln Liebende (eigentlich: die Schamteile Gernhabende), weil sie aus den Schamteilen entstanden ist«. Die Göttin »senkte Liebesverlangen in ihre Brust; und sogleich gingen sie hin, sich im Schatten der Täler zu paaren«, besingt Homer ihr Wirken. Sie »verwirrt sogar die Vernunft des Zeus« und bringt ihn dazu, »sich leichten Herzens mit sterblichen Frauen zu verbinden«. Sexuelle Exzesse, Irrungen und Wirrungen, erotische Entgleisungen zwischen Tieren, Menschen und Göttern – Aphrodite brachte alles fertig.

Denn sie besaß den Zaubergürtel, der mit allen erdenklichen Ingredienzen zur Entfachung der Liebe und zur Steigerung der Wollust, der Verführungskunst und Potenz gefüllt war. Um an diese »Aphrodisiaka« zu gelangen, erflehten die Griechen in eigens für Aphrodite errichteten Tempeln ihre Gunst. Sie brachten ihr Vögel, vor allem Spatz und Taube, den liebestüchtigen Hasen und den brünstigen Hirsch als Opfer dar. Sie huldigten ihr mit duftenden Blumen und Kräutern, Granatäpfeln, Quitten, Rosen, Bachminze und Myrrhe. Und sie labten sich in ihrem Namen an starken, berauschenden Getränken und gaumenkitzelnden Speisen.

Aus dem Schoß der Natur ins Reich der Sinne

Alraune Die Wirkung der Alraune (*runa* bedeutet Geheimnis, auch Zauberzeichen, *alruna* die Geheimnis Wissende) entdeckte der Naturforscher Paracelsus. Inzwischen ist sie eine vielbegehrte und deshalb auch seltene Pflanze.

Besonders der Wurzel werden Zauberkräfte zugesprochen; sie fand in der Schwarzen Magie und heidnischen Ritualen starke Verwendung. Bei ihrer Ernte spielen magische Kräfte des jeweiligen Ortes und seine Beschaffenheit eine entscheidende Rolle. So galt im Mittelalter das Sammeln der Wurzeln als lebensgefährlich. Würde sie von einem Unkundigen aus der Erde gezogen, so stoße die Wurzel einen markerschütternden, für den Sammler tödlichen Schrei aus. Deshalb ersann man den Trick, einen »schwarzen hungerten Hund« mit einem Strick an die Wurzel zu binden. Bei seinen Versuchen, sich von ihm zu befreien, reißt er sie heraus und stirbt anstelle des Wurzelgräbers.

Ob als Trank, Salbe oder Talisman, ihre berauschende Wirkung machte die Alraune zum weltweit begehrtesten Nachtschattengewächs. Zahlreiche Legenden ranken sich um die Wurzel, die auch Mandragora (persisch für Liebeskraut) genannt wurde: »Diese zauberische Allraun / wird von Gottes und ihres Heilsvergessenen Leuten / under den Galgen und Hochgerichten / in der Beredung diesen von dem nach dem Tod der Gehenkten / von ihnen ausgelassenen Harn (und Samen) gewachsen / und wie ein kleines Männlin gestaltet.« (B. Anhorn, Magiologia, 1674) Ihren Mythos und Wert verdankt die Alraune nicht zuletzt ihrer anthropomorphen Gestalt. Mit etwas Phantasie lassen sich an ihr weibliche und männliche Geschlechtsmerkmale entdecken. Die Kirche sah wie immer Gefahr im Verzug und »verteufelte« das Gewächs; in der Gier nach der Alraune schlummerte die Möglichkeit eines Pakts mit dem Bösen. Einer der Anklagepunkte im Prozeß gegen Jeanne D'Arc betraf den Talisman aus Alraunen, den die mutige Französin trug. Und der Aberglaube empfahl intensive persönliche »Wartung«: Nur häufiger Kleiderwechsel und das Baden der Wurzel in Wein hielten den Alraunengeist bei Laune.

Ursprünglich wuchs die Alraune im Vorderen Orient, erste Rezepturen finden sich auf Papyrus überliefert. Neben Tollkirsche, Bilsenkraut und Stechapfel wurde sie in diverse Liebestränke gemischt, die bereits Cleopatra zu schätzen wußte. Wer in Nordeuropa die Zauberpflanze nicht finden konnte, begnügte sich mit den Wurzeln von Allermannsharnisch und Gelbem Enzian sowie der Zaunrübe. Die Wurzel enthält hochwirksame Tropanalkaloide (stickstoffhaltige Naturstoffe, etwa Atropin oder Cocain). Mögliche Nebenwirkungen beim Genuß der Giftpflanze sind Übelkeit und Mundtrockenheit.

Vorkommen: Südeuropa, Nordafrika, Himalaja, Kleinasien.
Bezugsquelle: gelegentlich in Gärtnereien, getrocknete Wurzeln in Head-Shops. Head-Shops, mittlerweile in jeder größeren Stadt anzutreffen, sind Läden, in denen man sich über Kräuter, psychedelische Pflanzen und Drogen informieren und sie legal erwerben kann.
Verzehr: als Wein und Tee (¼-½ TL der Wurzel gilt als sichere Dosis), als Rauchwerk (Blätter). *Vorsicht: Eine Überdosis führt zum Tod durch Atemlähmung.*
Wirkung: stark enthemmend, Anregung der Libido, Halluzinationen.

Ananas Die tropische Pflanze ist ein Nahrungs- und Heilmittel, das Bromelin enthält, ein die Eiweißverdauung förderndes Enzym. Zudem ist Ananas reich an Vitamin C und Mineralstoffen. Sie gilt als Aphrodisiakum, wenn sie mit Chilipulver gegessen oder mit Honig in weißen Rum eingelegt wird – ein Gläschen täglich fördert die Potenz.

Vorkommen: Südamerika.
Bezugsquelle: Lebensmittelgeschäft.
Verzehr: als frische Frucht, als Saft. *Vorsicht: Unreife Früchte können einen Schwangerschaftsabbruch herbeiführen.*
Wirkung: kräftigend, harntreibend, entgiftend.

Anis Die Heil- und Gewürzpflanze war schon bei Griechen und Römern ein beliebtes Aphrodisiakum, dessen ätherisches, wohlriechendes Öl nicht nur Speisen und Getränke verfeinert, sondern auch ihren Verzehr bekömmlicher macht. Der Volksglaube schrieb dem Anis besondere Kräfte zu: Wer sich mit Anis wasche, behalte sein jugendliches Aussehen. »Weiter so bringt Anis den Weibern die Milch und mehret die Lust zur Unkeuschheit.« (Leonhard Fuchs, Neu Kreuterbuch, 1543)

Vorkommen: östliches Mittelmeergebiet, Europa.
Bezugsquelle: Samen getrocknet im Lebensmittelgeschäft, frisch im Feinkostladen.
Verzehr: als Gewürz und Heilmittel (frisch oder getrocknet) für Getränke und Speisen.
Wirkung: verdauungsfördernd, anregend, entkrampfend.

Aubergine Die Aubergine oder Eierfrucht gilt, wie alle Nachtschattengewächse, als Aphrodisiakum, was in allererster Linie auf ihre Form zurückgeht. In Italien steht sie gar im Ruf, den Essern den Verstand zu rauben.

Vorkommen: Südostasien, Nordafrika, Mittelmeerraum.
Bezugsquelle: Lebensmittelgeschäft.
Verzehr: als Gemüse.
Wirkung: belebend.

Avocado Der Avocadobaum stammt vermutlich aus Yucatán/Mexiko und wurde schon von den Mayas kultiviert. Ein aphrodisischer Wirkstoff ist bisher nicht entdeckt worden, dennoch gelten sowohl der Kern als auch das Fruchtfleisch als sexuell anregend. Sie sind zudem wesentlicher Bestandteil indianischer Medizin und werden gegen Fieber, Flechten und Frauenleiden eingesetzt.

Vorkommen: Zentralamerika, tropische und subtropische Regionen, Südeuropa.
Bezugsquelle: Lebensmittelgeschäft.
Verzehr: als Frucht.
Wirkung: kraftspendend.

Basilikum Je nach Art hat Basilikum ausgeprägtere Würz- beziehungsweise medizinische Eigenschaften. Das Ocimum sanctum (Tulasi) zählt zu den heiligen Pflanzen der Hindus, die als Ausdruck ihrer Religiosität täglich ein Blatt verzehren sollen. Das Ocimum basilicum sorgt durch seine ätherischen Öle, Gerbstoffe und Vitamine für Anregung im Sexualleben und erhält Gesundheit und Fruchtbarkeit.

Vorkommen: Südasien, Südeuropa.
Bezugsquelle: eigener Garten, Lebensmittelgeschäft.
Verzehr: als Gewürz, als Tee, als Rauchwerk (in getrockneter Form).
Wirkung: anregend.

Betelnuß In Asien sind die Samen der Arekapalme als Universalheil- und Genußmittel sehr beliebt. Sie finden ihre Verwendung im Betelbissen (»Bissen der Lust«). Hierfür werden einige Stücke der Betelnuß zerrieben, mit verschiedenen Gewürzen wie Muskatnuß, Nelken und Pfeffer angereichert und mit gebranntem Kalk vermischt, in ein frisches Betelblatt gerollt und gekaut. Die stark anregende Wirkung resultiert aus den ätherischen Ölen, Harzen, Gerb- und Scharfstoffen – wenn man sich ihrer nicht allzuoft bedient.

Vorkommen: Südostasien, tropische Zonen.
Bezugsquelle: Nuß und Pulver in Head-Shops, Betelpfeffer-Blätter im Asia-Laden.
Verzehr: als Betelbissen, als Gewürz, als Tee (Pulver).
Wirkung: streßmindernd, antibakteriell, stimulierend, erregend.

Bilsenkraut Das giftige Nachtschattengewächs ist seit der Antike als Heil- und Wahrsagepflanze bekannt und wurde für Schwarze Magie genutzt. Die »Hexen« brauten aus dem hochwirksamen, tropanalkaloidhaltigen Gewächs ihre »anmachenden« Liebestränke. Bier fügte man zermahlene Bilsenkrautsamen zu, um dessen Rauschwirkung zu erhöhen – als »Bierschärfe« wurde das Kraut in eigens eingerichteten »Bilsengärten« angebaut. Der Rauch der Samen und Blätter galt als Mittel gegen Zahnschmerzen oder sorgte in den mittelalterlichen Badehäusern für eine erotische Stimmung unter den Gästen.

Vorkommen: Eurasien, Nordafrika.
Bezugsquelle: eigener Garten, Samen im Kräuterfachhandel und in Head-Shops.
Verzehr: als Rauchwerk (Blätter und Samen). *Vorsicht: Samen einzunehmen ist nicht zu empfehlen, da sie Alkaloide enthalten, die höher dosiert tödlich wirken.*
Wirkung: anfangs aggressiv, halluzinogen (Flugträume und Tierverwandlungen), sexuell enthemmend.

Brennessel Die Haare der seit alters her bekannten Heil- und Nahrungspflanze enthalten ein stark reizendes Nesselgift. Im Altertum peitschten sich die Partner zur Anregung mit der ganzen Pflanze gegenseitig aus. Der römische Dichter Petronius behauptete, daß die Männlichkeit zurückkehre, wenn man Männern die Stelle unter dem Nabel, die Lenden und das Gesäß mit Brennesseln bearbeite.

Vorkommen: weltweit.
Bezugsquelle: eigener Garten, als Tee im Kräuterfachhandel und in Drogerien.
Verzehr: als Tee (Blätter), als Rauchwerk (Blätter), als Spinatersatz, in Käse und Eintöpfen (junge, frische Blätter und Stengel).
Wirkung: durchblutungsfördernd, hautreizend (frische Blätter).

Chili Die als Gemüse und Gewürz verwendete Paprikaart ist fester Bestandteil der indianischen Medizin. Chili gilt als »heißes« Nahrungsmittel, das den Geschlechtstrieb anstachelt. Sein Scharfstoff Capsaicin reizt die Schleimhäute.

Vorkommen: Mittel- und Südamerika.
Bezugsquelle: frisch im Feinkostladen, getrocknet im Lebensmittelgeschäft.
Verzehr: als Gewürz (frisch, getrocknet), als Cayennepfeffer. *Vorsicht bei der Dosierung.*
Wirkung: reizend, stimulierend.

Dattelpalme Bereits vor fünftausend Jahren in Mesopotamien kultiviert, wurde die Dattelpalme als Nahrungs- und Rauschmittel genutzt. Aus dem Stamm wird ein Saft gezapft, der nach einer Zeit der Gärung ein berauschendes Getränk ergibt. Vermutlich mit anderen Naturdrogen angereichert, wurde dieser Rauschtrank bei Tempeltänzen und erotischen Ritualen genossen.

Vorkommen: Kleinasien, Arabien, Nordafrika.
Bezugsquelle: Früchte im Lebensmittelgeschäft, Palmwein im Asia-Laden.
Verzehr: als Frucht, als Palmwein.
Wirkung: kräftigend, berauschend.

Engelstrompete Die Engelstrompete ist eine indianische Heilpflanze, deren halluzinogene Wirkung von den Schamanen eingesetzt wurde. Alle Pflanzenteile enthalten hochwirksame Tropanalkaloide.

Vorkommen: Südamerika, Europa.
Bezugsquelle: eigener Garten, Samen im Kräuterfachhandel und in Head-Shops.
Verzehr: als Getränk (Samen, in Wasser oder Maisbier eingelegt), als Tee (Blätter), als Rauchwerk (Blüten und Blätter). *Vorsicht: gefährlich, behutsame Dosierung dringend geboten.*
Wirkung: stark berauschend, halluzinogen.

Feige Die Feige gilt seit Jahrhunderten ihrer Form und der vielen Kerne wegen als Symbol der Fruchtbarkeit. Nicht zufällig ist es das Feigenblatt, das die Scham des sich seiner Nacktheit bewußt gewordenen Menschen verhüllt.

Vorkommen: Mittelmeerraum, subtropische und tropische Regionen.
Bezugsquelle: Lebensmittelgeschäft.
Verzehr: als Frucht (frisch oder getrocknet), als Saft.
Wirkung: erfrischend.

Fenchel Fenchel stammt aus dem Mittelmeerraum und wurde von den Römern und Griechen für medizinische und kulinarische Zwecke kultiviert. Im Mittelalter sprach man Fenchel magisch-aphrodisische Fähigkeiten zu. In der Medizin setzte man ihn besonders zur Verbesserung der Sehfähigkeit und gegen Verdauungsbeschwerden ein.

Vorkommen: weltweit.
Bezugsquelle: eigener Garten, Knolle im Lebensmittelhandel, Samen im Kräuterfachhandel.
Verzehr: als Gewürz (Samen), als Kraut (Blätter), als Gemüse (Knolle).
Wirkung: erfrischend, sättigend.

Ginseng Die Ginsengwurzel (chinesisch: Menschenwurzel) gilt als das älteste und begehrteste Aphrodisiakum und Allheilmittel Asiens. Schon 2500 v. Chr. nutzte der Arzt Shen-Nung ihre enorme Kraft. In der Medizin hat sie bis heute nichts von ihrer Bedeutung eingebüßt. In der chinesischen Heilkunde werden bevorzugt harmonisierende Mittel verabreicht. Geprägt von der taoistischen Lehre, sollen sie die beiden sich bedingenden kosmischen Kräfte Yin (die weibliche) und Yang (die männliche Komponente) ausgleichen, damit es nicht zu Krankheiten und Fehlfunktionen des menschlichen Körpers kommt. Als Universalheilmittel sollte die »Wurzel des Himmels« zu ewigem Leben verhelfen. Doch sie ist nicht geeignet für den schnellen Kick: Seine Wirkung entfaltet der Ginseng nur, wenn er regelmäßig über lange Zeiträume eingenommen wird. Für spontane Reaktionen hält man andere Mixturen bereit: Ginseng, angereichert mit Moschus, Opium, Krabbenpulver und Ingwer. Wer daraus hergestellte Pillen etwa eine halbe Stunde vor dem Koitus genüßlich kaut, kann sein helles Wunder erleben.

Auch beim Ginseng verrät die Wurzelform alles über ihre Wirkung: Je stärker sie einem Phallus ähnelt, desto bombastischer sei das Resultat – in dieser Form sind Ginsengwurzeln jedoch nur selten zu finden. Erfahrene »Ginsengjäger« kennen auch die Rituale und Legenden um dieses Gewächs: In jeder Wurzel soll ein Geist in Menschengestalt wohnen, der sich mit dem Sammler erotisch vereint. Nur der Sammler weiß, wie er dem Pflanzendämon begegnen muß, ob mit Schmeicheln oder mit List, Gebeten oder mit Zaubersprüchen. Das chinesische Schriftzeichen für Ginseng ist das gleiche wie für »Manneskraft«.

Vorkommen: Ostasien.
Bezugsquellen: frisch im Asia-Laden, als Tablette, Tinktur oder Extrakt in Apotheken und Drogerien.
Verzehr: frisch kauen, als Tee. Manche legen Ginseng mindestens drei Monate als Wurzelextrakt in ein alkoholisches Getränk ein, bevor sie es trinken.
Wirkung: Universalheilmittel, kräftigend, anregend bei regelmäßiger Einnahme.

Granatapfel Der Apfel stand im gesamten eurasischen Raum für Lebenskraft und Unsterblichkeit. Er wurde als Liebesgabe geschätzt und in Gestalt des Reichsapfels zur Insignie der weltlichen Macht. Weil Adam und Eva vom Baum der Erkenntnis aßen und sich so ihrer Nacktheit und der Dualität von Gut und Böse bewußt wurden, schlug die Tür des Paradieses hinter ihnen zu. Ein Apfel soll die Ursache gewesen sein; wahrscheinlich hat es sich bei dem Baum der Erkenntnis um einen Granatapfelbaum gehandelt.

Die Früchte galten im Altertum als Liebesäpfel und waren Aphrodite und der Zeusgattin Hera geweiht. Der Baum stand als Sinnbild der göttlichen Vereinigung mit dem Menschen, entsprechend wirkungsreich empfand man den Genuß der Früchte und Samen. Die leuchtendroten Früchte mit ihren vielen Kernen symbolisieren wie die Feige den weiblichen Schoß, die Fruchtbarkeit.

Der italienische Arzt und Gelehrte Matthiolus empfahl in seinem ›Kreutterbuch‹ von 1562: »Ein überauß köstliche Artzney zu den faulen Geschweren und löchern an heimlichen orten an Mannen und Weibern: Nimb die Schalen vom Granatapffel / und einen Badeschwam / beyde gedörrt und zu Pulver gestoßen / darmit besprenge den Schaden.«

Vorkommen: Mittelmeerraum, Kleinasien.
Bezugsquelle: Feinkostladen.
Verzehr: als Frucht, als Saft (Grenadine).
Wirkung: kräftigend.

Guarana Die Samen dieser Lianenart heißen auch »Früchte der Jugend«. Aus ihnen wird ein stark anregendes Erfrischungsgetränk bereitet, das inzwischen auch in Deutschland erhältlich ist. Die Samen enthalten Koffein, Harze und ein kaum erforschtes ätherisches Öl.

Vorkommen: Amazonien.
Bezugsquelle: Naturkostladen, Head-Shop.
Verzehr: als Getränk (aufgebrühte Samen), Tinktur, Kaugummi, Schokoriegel, Paste.
Wirkung: stark stimulierend.

Hanf Hanf zählt zu den ältesten Kulturpflanzen der Menschheit. Er dient als Faserlieferant und wird seiner ölreichen Samen wegen angebaut zur Gewinnung von Haschisch (von den weiblichen Blüten abgesondertes Harz) und Marihuana (von Blättern befreite Blütenstände). Die Rauschwirkung beruht auf den Cannabinoiden, insbesondere Tetrahydrocannabinol (THC). Cannabis genießt den Ruf, eines der besten Aphrodisiaka der Welt zu sein.

Das »Kraut der Ekstase« wird in den religiösen Schriften Indiens als heilige Pflanze gepriesen, die nicht nur körperliche Leiden mildert, sondern auch Geist und Seele labt. Bereits vor fünftausend Jahren setzten die Ärzte Hanf gegen diverse Zipperlein ein: Appetitlosigkeit, Kopfschmerzen, Verdauungsprobleme, Impotenz. Seine Bedeutung für die Erotik beschreibt die Legende vom Götterpaar Shiva und Parvati. Shiva trieb sich zum Verdruß seiner Gemahlin gern mit anderen Göttinnen herum. Auf der Suche nach einem Mittel, ihren Mann an sich zu binden, entdeckte sie die weibliche harzige Hanfblüte. Sie gab sie Shiva zu rauchen, der in neuer Lust zu seiner Frau entbrannte. Ihre himmlischen Extasen waren so gewaltig, daß Shiva fortan allen anderen Versuchungen widerstand.

»Der Geist des Hanfes ist der Geist des Friedens und des Wissens. In der Hanf-Ekstase wird der Blitz der Ewigkeit die Düsternis der Materie in reines Licht verwandeln. Hanf ist der ›Freudenspender‹, der ›Himmels-Flieger‹, der ›himmlische Führer‹, der ›Himmel des armen Mannes‹, der ›Besänftiger der Trauer‹. Kein Gott, kein Mensch ist so gut wie der religiöse Hanf-Trinker«, urteilte 1884 der britische Hemp Drug Commission Report.

Für die tantrischen Liebesrituale wurde Cannabis gern als Getränk verabreicht. Wie beim Opium variiert seine Wirkung, je nachdem, ob es geraucht oder gegessen wird. Für die Fülle an Rezepturen stehen mehrere Cannabis-Drogen zur Verfügung: die getrockneten weiblichen Blütenstände (Ganja, Marihuana), das von den Blütenständen abgesonderte Harz (Kif, Haschisch), die frischen oder getrockneten Blätter (Gras). Die altindische Heilkunde Ayurveda (Wissen vom Leben) empfiehlt unter anderem eine Mischung aus Hanfblüten und -blättern, Haschisch, Opium und Stechapfelsamen, die den Reichtum der asiatischen Gewürze miteinbezog: Nelken, Kardamom, Weihrauch, Anis, Kreuzkümmel, Butterschmalz, Mehl, Milch, Butter und Zucker werden zum Binden und Würzen beigemengt.

Vorkommen: weltweit.
Bezugsquelle: Samen in Head-Shops. *Achtung: Die Einfuhr von Haschisch fällt unter das Betäubungsmittelgesetz.*
Verzehr: als Speisezusatz oder Tee (Harz), als Rauchwerk (weibliche Blüten).
Wirkung: mild psychedelisch, intensivierend für die Sinneswahrnehmung, erregend. Gesteigerter Appetit und heftige, sexuelle Wünsche sind mögliche Reaktionen.

Honig In vielen aphrodisischen Getränken und Universalheilmitteln durfte Honig nicht fehlen. Die Mayas ergänzten ihn mit Nachtschattengewächsen, der Rinde eines berauschenden Baumes oder einer giftigen Kröte. Als liebessteigernde Hilfe war besonders der mexikanische, von wilden, stachellosen Bienen gewonnene Honig begehrt. Auch Met, mit Bilsenkraut angereichert, gilt als wirksames Aphrodisiakum. Viele Produkte um Honig und Biene, wie Weiselfuttersaft, Gelée Royale und Bienengift, werden als Heilmittel eingesetzt und sollen gegen Unfruchtbarkeit und Impotenz helfen.

Vorkommen: weltweit.
Bezugsquelle: Lebensmittelgeschäft.
Verzehr: als Brotaufstrich, als Met.
Wirkung: anregend, kräftigend.

Ingwer Ingwer ist ein in den Tropen und Subtropen kultiviertes schilfartiges Gewächs, das auch als Heilpflanze hoch gehandelt wird. Der Wurzelstock enthält ätherische Öle und liefert ein scharfschmeckendes Gewürz. In arabischen Ländern wird mit Ingwer gern der Kaffee gewürzt.

Vorkommen: Südasien.
Bezugsquelle: Lebensmittelgeschäft.
Verzehr: als Gewürz (frisch oder getrocknet, pulverisiert, zerdrückt, gerieben oder in Sirup eingelegt), als Erfrischungsgetränk (Ginger-ale), Bier oder Likör.
Wirkung: anregend, verdauungsfördernd, stimulierend.

Kaffee Das weltweit verbreitete Gebräu aus gerösteten Kaffeebohnen war einst ein heiliges Getränk, das seiner belebenden Wirkung wegen von afrikanischen Sufis zur Meditation getrunken wurde.

Vorkommen: Ostafrika, Arabien.
Bezugsquelle: Lebensmittelgeschäft.
Verzehr: als Getränk (aufgebrühtes Pulver). Wird Kaffee als Aphrodisiakum eingesetzt, fügt man ihm Honig und Kardamom bei.
Wirkung: stark anregend.

Kakao Kakao war für die Indianer die »Nahrung der Götter« und ein beliebtes Aphrodisiakum. Die Azteken zerrieben die gerösteten Bohnen, vermengten sie mit Maismehl, Chili, Vanille, Piment, Matico-Pfeffer, Kaneel, Kürbissamen und Goldkelch, fügten kaltes oder warmes Wasser bei. Salzig oder süß mit Honig abgerundet, ergab die

Mischung *chocolatl.* Aber auch das europäische Rokoko schätzte die Schokolade: »Man suchte Stärkung zu gewissen Pflichten durch die Schokolade«, heißt es verschämt in einem Text des 17. Jahrhunderts. Kakao enthält einen dem Koffein in seiner Wirkung verwandten Stoff: das Theobromin.

Vorkommen: Mittelamerika, Asien, Afrika.
Bezugsquelle: Lebensmittelgeschäft.
Verzehr: als Getränk (zerriebene Bohnen).
Wirkung: leicht stimulierend.

Kalmus Seit dem Altertum werden die Wurzelstöcke der schilfartigen Pflanze für medizinische Bäder und als Räuchermittel genutzt. Die Indianer Nordamerikas kauen sie bei Erschöpfungszuständen oder schnupfen sie in pulverisierter Form – sie enthält den meskalinähnlichen Wirkstoff Beta-Asaron. Kalmus erhält die Gesundheit und heizt, in erhöhter Dosierung, die Sexualität an. Die Wurzeln werden im Frühjahr oder Spätherbst gesammelt, gewaschen und getrocknet. Sie müssen kühl und trocken gelagert werden, nach einem Jahr läßt ihre Wirkung nach.

Vorkommen: ursprünglich Südasien, heute weltweit.
Bezugsquelle: eigener Garten, Ufer von Teichen und langsam fließenden Gewässern; getrocknete Wurzeln in der Apotheke, im Kräuterfachhandel oder in Head-Shops.
Verzehr: als Snack (Wurzel, Dosis zwischen 5-25 cm), als Tee- oder Alkoholzusatz.
Wirkung: anregend, hautreizend, halluzinogen. Ein mit Kalmus angereichertes Bad kann das erotische Verlangen steigern.

Kardamom Schon die Antike pries den Kardamom als Gewürz, Heilmittel und Aphrodisiakum. Die Samen dieses Ingwergewächses werden zusammen mit den Fruchtkapseln verwendet, sie enthalten ätherisches Öl.

Vorkommen: Südostasien.
Bezugsquelle: Lebensmittelgeschäft, frisch im Asia-Laden.
Verzehr: als Gewürz, als Kaffeezusatz.
Wirkung: anregend, belebend.

Knabenkraut Der Gelehrte Paracelsus entdeckte die Wirkung des Knabenkrauts, einer Orchideenart, die im gesamten Orient und auch in Europa als Aphrodisiakum beliebt ist. Er behauptete, das Knabenkraut wirke so stark, daß bereits nach einmaligem Verzehr jeder zwölfmal »seinen Mann stehen« könne.

Da die knolligen, stärkehaltigen Wurzeln Hoden ähneln, wurde angenommen, ihr Verzehr hätte Auswirkungen auf das männliche Gemächt. Sie werden bereits in der griechischen Mythologie erwähnt: Orchis (griechisch: Hoden), der Sohn eines Satyrs und einer Nymphe, wird erschlagen und bald darauf in Gestalt einer schönen Orchidee wiedergeboren. Besonders die Satyrn, halb Bock, halb Mensch, stürzten sich gierig auf die Pflanze und wurden davon so lüstern, daß sie ihr Sperma auf den Boden spritzten.

Knabenkraut wurde bei magischen Ritualen geerntet und zu Tränken und Speisen verarbeitet. Auch die Inder befanden die Knollen als zweckmäßig für die Vermehrung des Samens und damit geeignet zur Förderung einer gesunden Sexualität.

Vorkommen: Europa, Orient.
Bezugsquelle: in spezialisierten Gärtnereien. *Achtung: Knabenkraut steht unter Naturschutz.*
Verzehr: als Mehl (Wurzel).
Wirkung: kräftigend.

Knoblauch Knoblauch wurde im alten Ägypten als Wunderheilmittel mit erregender Wirkung gepriesen, die Römer weihten ihn der Fruchtbarkeitsgöttin Ceres. Mit Koriander vermengt, reichte man Knoblauchsaft als Liebestrank, der von angehexter Impotenz befreien und zur Unzucht reizen sollte. Allein der nach Knoblauchgenuß entstehende Mundgeruch kann manchen Menschen die intensivere Annäherung erschweren.

»Wer sich im Liebeskampfe nicht als Mann zu erweisen versteht, der esse Zwiebelgewächs, und er wird recht kräftig sein. Ist matt die bejahrte Frau, zögere sie nicht, ebenfalls Zwiebelgewächs zu essen, und die zärtliche Venus wird freundlich über deine Kämpfe lachen«, verspricht der römische Epigrammatiker Martial.

Vorkommen: weltweit.
Bezugsquelle: Lebensmittelgeschäft.
Verzehr: als Gewürz (roh, gegart oder zerdrückt), als Dragée, Tinktur, Tablette.
Wirkung: verjüngend, kräftigend, antibiotisch, zellaktivierend.

Koka Im heutigen Peru stand schon lange vor der Inka-Zeit die Wirkung des Kokastrauches im Mittelpunkt des psychedelischen Interesses. Seinem Hauptwirkstoff Kokain verdanken die Blätter ihre zentral erregenden, euphorisierenden und sinnlich stimulierenden Eigenschaften. Werden sie lokal angewendet, wirken die entsprechenden Präparate betäubend, beispielsweise auf den Schließmuskel: Analverkehr stand im freizügigen Peru nicht unter dem Stigma der »Sodomie«, sondern wurde gleichermaßen von hetero- wie homosexuellen Paaren praktiziert. Koka-Blätter wurden für Orakelbefragungen zu Rate gezogen und galten außerdem als Allheilmittel. Sie wirkten gegen die Höhenkrankheit und stillten sogar Hungergefühle. Viele Indianer kauen noch heute Kokablätter, die sie, ähnlich wie die Inder ihre Betelbissen, mit Asche und gelöschtem Kalk zubereiten.

1863 hatte sich der korsische Chemiker Angelo Mariani einen Trunk aus Wein und Kokablättern patentieren lassen. 23 Jahre später leitete der Apotheker John S. Pemberton aus Georgia daraus ein anregendes Erfrischungsgetränk ab, das längst zum Symbol der westlichen Welt geworden ist: Coca-Cola. Allerdings sind die ursprünglich verarbeiteten Extrakte der Cola-Nuß und Coca-Blätter schon lange nicht mehr darin enthalten, sie wurden durch eine höhere Dosis Koffein ersetzt.

Durch Sigmund Freuds Publikationen über seine Coca-Experimente (1884) wurde das Kokainschnupfen in Europa zur Künstlermarotte. Doch nicht jeder von dem weißen Pulver süchtig Gewordene teilte Gottfried Benns Schwärmerei vom »süßen Ich-Zerfall«. Viele litten unter tagelangen Depressionen und Auszehrung, einigen bitteren Nebenwirkungen dieser Droge. Ihren romantischen Charakter hat sie längst verloren, heute wird Kokain als Arbeits- und Sexdroge geschnupft – illegal, versteht sich.

Vorkommen: Südamerika.
Bezugsquelle: Achtung: fällt unter das Betäubungsmittelgesetz.
Verzehr: als Rauchwerk, zum Kauen und Schnupfen.
Wirkung: sehr stark stimulierend.

Kokospalme Nicht nur die Früchte der Kokospalme sind genießbar: Aus den Wurzeln werden Arzneien gewonnen, der Blütenschaft wird zur Palmweingewinnung angezapft. Eine Palme kann pro Woche 400 Liter Saft produzieren, er gilt in allen Anbaugebieten als Aphrodisiakum. Verstärkt wird seine Wirkung durch Beifügen von Stechapfelsamen und Honig. Auch dem Fruchtfleisch werden stimulierende Wirkungen zugeschrieben.

Vorkommen: weltweit in den Tropen.
Bezugsquelle: Früchte im Lebensmittelgeschäft, Milch und Palmwein im Asia-Laden.
Verzehr: als Frucht, als Palmwein.
Wirkung: kräftigend, berauschend.

Koriander Als Aphrodisiakum ist die Gewürzpflanze von alters her vor allem in Ägypten und Palästina bekannt. Als Würzmittel für Wein galt Koriander als samenvermehrend.

Vorkommen: weltweit.
Bezugsquelle: pulverisiert im Lebensmittelgeschäft, Samen und frisches Kraut im Asia-Laden.
Verzehr: als Gewürz (Samen und Blätter).
Wirkung: anregend.

Kresse Alle genießbaren Arten der Kresse – von der Brunnen- und Garten- bis zur Kapuzinerkresse – haben einen hohen Vitamin-C-Gehalt und dienen so dem allgemeinen körperlichen Wohlbefinden. Daß die Kapuzinerkresse als Aphrodisiakum gilt, hat sie wohl der ausgeprägten Farbigkeit ihrer Blüten zu verdanken.

Vorkommen: weltweit.
Bezugsquelle: Lebensmittelgeschäft.
Verzehr: als Salat, als Kraut.
Wirkung: stärkend.

Kürbis Die Inder schätzen Kürbiskerne als hochwertiges Aphrodisiakum, das eine große Rolle in tantrischen Liebesritualen spielte: Verspeist eine Frau Kürbis- oder Melonenkerne, signalisiert sie ihre sexuelle Einwilligung. Auch Blüten und Fruchtfleisch wurden zu ähnlichen Zwecken gegessen.

Vorkommen: weltweit.
Bezugsquelle: Lebensmittelgeschäft.
Verzehr: als Frucht, als Snack (Kerne).
Wirkung: harntreibend, kräftigend.

Liebstöckel Die Wirkungen von Kraut und Wurzel des Liebstöckels sind seit dem Altertum bekannt. Das Heilkraut stammt vermutlich aus Ligurien und hat als »Liebes Stöckel« eine eindeutig männliche Komponente. Aus der frischen Wurzel wurden Liebestränke zubereitet.

Vorkommen: Eurasien.
Bezugsquelle: eigener Garten, Kräuterfachhandel.
Verzehr: als Gewürz.
Wirkung: anregend, löst Blähungen.

Meerrettich Meerrettich wird seit dem 12. Jahrhundert angebaut und vorwiegend als Gewürz verwendet. Aufgrund der penisähnlichen Form seiner Wurzel und seiner scharfen Würzkraft werden ihm magische Kräfte bei sexueller Erschöpfung des »starken Geschlechts« nachgesagt.

Vorkommen: Europa.
Bezugsquelle: eigener Garten, Lebensmittelgeschäft.
Verzehr: als Gewürz.
Wirkung: anregend, erhitzend, kräftigend. Als Magenmittel wirkt er verdauungsfördernd.

Meerträubel Schon die Neandertaler nutzten Meerträubel für rituelle Zwecke. In China gehört das ephedrinhaltige Kraut (Ma-huang) zu den bedeutendsten Naturheilmitteln. Fast alle Kulturen kennen die aphrodisierende Wirkung von Tee aus den Blättern der Pflanze.

Vorkommen: weltweit.
Bezugsquelle: Apotheke, Kräuterfachhandel.
Verzehr: als Kraut, als Tee (15-30 g pro ½ l Wasser, 10 Min. kochen).
Wirkung: anregend, atembelebend, antiallergisch, zentral stimulierend.

Mohn Mohn gehört zu den ältesten Kulturpflanzen. Aus dem Milchsaft des ehemals den Göttern geweihten Krautes wird Opium (das griechische *opós* bedeutet Saft) gewonnen – Arznei, Aphrodisiakum und Droge mit narkotisierenden und anregenden Eigenschaften. Es enthält ein komplexes Gemisch von Alkaloiden, deren bekanntestes Morphin ist. Auch Codein, Thebain, Papaverin und Narcotin tragen entscheidend zu seiner Wirkung bei.

Die Heilwirkung des eingedickten Fruchtsaftes wurde bereits vor 4500 Jahren erkannt. Wo die inzwischen weltweit verbreitete Pflanze ihren Ursprung hatte, ist unklar, doch eines der antiken Zentren der Opium-Gewinnung war Zypern, die Insel Aphrodites. Nach Theokrit entstand der berauschende Saft aus einer Träne der Liebesgöttin, als sie um den Verlust ihres Geliebten Adonis weinte. Auch andere griechische Götter wurden mit dem Zeichen der Mohnkapsel ausgestattet: Hypnos, der Gott des Schlafes, sein Sohn Morpheus, der die Träume schenkt, und Dionysos, der Gott des Rausches. Nyx, die Göttin der Nacht und Beherrscherin des Weltalls, bekam gleich eine ganze Kette umgehängt.

Kurz vor der Reife wird die Mohnkapsel angeritzt. Dies geschieht immer abends, damit der Milchsaft heraussickern, über Nacht trocknen und am nächsten Morgen eingesammelt werden kann. In gekneteter Form kommt das Opium in den Handel.

Opium wird geraucht oder gegessen, letzteres jedoch niemals pur. Die verschiedenen Kulturen kannten diverse Zutaten, um seine Wirkung zu optimieren und die Nebenwirkungen abzuschwächen: mehrere Nachtschattengewächse, Gewürze, Wein und andere Alkoholika. Anregend wirkt Opium aber nur in geringer Dosis, wie Krünitz 1805 beschreibt: »Eine andere Wirkung des durch Opium bewegten Bluts ist eine erweckte oder vermehrte Begierde zum Beyschlafe, die so groß ist, daß sie auch selbst von Greisen empfunden wird; und die Steifung der männlichen Rute hat sogar bey den in Schlachten umgekommenen Türken noch fortgedauert: auch nächtliche Samenentgehungen pflegen unter geilen Vorstellungen zu erfolgen. Eine zu große Gabe aber macht die Männer zum Beyschlaf unfähig.«

Vermutlich waren die Araber die ersten, die um die Kraft der »Freudenpflanze« wußten. Sie brachten sie nach Griechenland, Indien und China, wo Opium sich zu einem regelrechten Sexsymbol entwickelte. Hier, im Reich der Mitte, wurde angeblich das Rauchen von Opium erfunden. Um den Rauchern jene herrlichen, oft erotisch gefärbten Träume zu bescheren, mußte das Rohopium zu speziell fermentiertem Rauchopium (chinesisch *Tschandu*) verarbeitet werden. Zu kleinen Fischen gepreßt, kam es in den Handel. Der Fisch symbolisiert in der chinesischen Tradition Fruchtbarkeit und Leben, stand aber auch, wie beispielsweise bei den Italienern, für den Penis. Das Sprichwort »Fisch und Wasser kommen zusammen« meint den Geschlechtsverkehr, und von einem glücklichen Ehepaar heißt es: »Sie haben die Freuden von Fisch und Wasser.« Mancher Chronist behauptet, die Fruchtbarkeit des chinesischen Volkes beruhe auf seinem regen Opiumkonsum.

Vorkommen: weltweit.
Bezugsquelle: Samen in Head-Shops. *Achtung: Der Anbau von Mohn ist nicht gestattet, Opium fällt unter das Betäubungsmittelgesetz. Nur der Besitz von Mohnsamen und der Handel mit ihnen ist erlaubt.*
Verzehr: als Rauchwerk, zum Kauen (Blätter mit Asche und gelöschtem Kalk) und Schnupfen (Pulver).
Wirkung: berauschend, sexuell erregend.

Mohrrübe Seit dem Altertum gilt die Möhre oder Karotte als Heilpflanze mit erregender Wirkung. In Asien wird sie auch als Ginseng-Ersatz verspeist.

Vorkommen: weltweit.
Bezugsquelle: eigener Garten, Lebensmittelgeschäft.
Verzehr: als Gemüse (roh oder gekocht), als Saft.
Wirkung: kräftigend, zum Beischlaf ermunternd, harntreibend.

Morcheln Aufgrund ihrer phallischen Form und ihrer »geheimnisvollen« Wachstumsgewohnheiten werden Pilze seit Jahrtausenden in allen Kulturkreisen als Aphrodisiakum verehrt. Morcheln erkennt man an ihrer löcherigen, schwammartigen Kappe.

Vorkommen: weltweit im Frühjahr in bergigen Regionen.
Bezugsquelle: frisch, getrocknet oder eingelegt im Lebensmittelgeschäft.
Verzehr: als Gemüse.
Wirkung: anregend, sensibilisierend.

Muira Puama Der strauchartige Baum ist den südamerikanischen Indianern seit Jahrhunderten als kraftvolles Aphrodisiakum bekannt. Aus seiner Rinde und dem sehr harten Holz bereiten sie durch stundenlanges Auskochen einen Trank. Alkoholische Auszüge sind jedoch wirkungsvoller.

Vorkommen: Amazonas.
Bezugsquelle: alkoholische Auszüge in Head-Shops.
Verzehr: als Getränk.
Wirkung: extrem erregend, nervenstärkend, potenzsteigernd.

Muskatellersalbei Muskatellersalbei ist seit dem Altertum als Gewürz und Heilpflanze bekannt. Dem Wein beigemischt, fördert sie den Liebesgenuß. In der Aromatherapie gilt die Essenz aus dem frischen Kraut, dessen Geschmack an Ambra erinnert, als Aphrodisiakum, wenn sie mehrmals täglich eingeatmet oder tropfenweise eingenommen wird.

Vorkommen: nur im Mittelmeerraum.
Bezugsquelle: Kräuterfachhandel.
Verzehr: als Gewürz, als Essenz für Aromatherapie. Getrockneter Muskatellersalbei kann pur oder zusammen mit Bilsenkraut, Hanf oder Stechapfel geraucht werden.
Wirkung: sexuell erregend.

Muskatnuß Die Muskatnuß ist im eigentlichen Sinne keine Nuß, sondern ein Same. Seit dem 16. Jahrhundert zählt sie zu den begehrten Gewürzen, nicht zuletzt aufgrund ihrer anregenden und die Sinne weckenden Wirkung. Diese beruht auf dem hohen Bestandteil von Myristicin in dem ätherischen Öl der Muskatnuß. Es wirkt berauschend, wobei der Rausch erst nach ein bis fünf Stunden einsetzt, aber bis zu zwölf andauern kann. Besonders ein Vollbad mit ätherischem Muskatöl wirkt anregend. Myristicin bildet die Ausgangssubstanz für die Modedroge der neunziger Jahre MDMA (Ecstasy).

Vorkommen: Asien, Afrika, kultiviert in allen tropischen Zonen.
Bezugsquelle: als Nuß oder pulverisiert im Lebensmittelgeschäft, frisch im Asia-Laden.
Verzehr: als Gewürz, als Snack (5-10 g einer frisch gemahlenen Nuß sind ausreichend).
Wirkung: stark anregend, berauschend, halluzinogen.

Nelke Den getrockneten grünen Blüten der Nelke werden seit fünftausend Jahren erregende Wirkungen nachgesagt. Die Chinesen kauten sie während ihrer erotischen Eskapaden, um einen wohlriechenden Atem zu bekommen. Nelkenöl hat aufgrund seines mild psychedelisch wirkenden Eugenol-Anteils betäubende und antiseptische Eigenschaften; es wird noch immer als Mittel bei Zahnschmerzen eingesetzt.

Vorkommen: Molukken, kultiviert in tropischen Zonen.
Bezugsquelle: Lebensmittelgeschäft.
Verzehr: als Gewürz oder Öl.
Wirkung: anregend.

Petersilie Petersilie ist seit dem Altertum als Gewürzpflanze beliebt, ihre Wurzel dient medizinischen Zwecken. In der Antike galt die Pflanze als Symbol der Wiedergeburt; ihr wurde die Kraft zugeschrieben, neues Leben einzuhauchen. Im Mittelalter dienten die Stengel dem Liebeszauber, die Wurzel wurde Hexen- oder Flugsalben beigemischt, die Ekstasen hervorriefen. Wurzel und Samen enthalten ein ätherisches Öl mit dem Hauptbestandteil Apiol.

Vorkommen: weltweit kultiviert.
Bezugsquelle: eigener Garten, Lebensmittelgeschäft.
Verzehr: als Gewürz, als Getränk (Öl und Wurzelaufguß).
Vorsicht: Hohe Dosen können zum Abort führen.
Wirkung: anregend, leicht erregend, die Harnwege reizend und stimmungsbeeinflussend, hochdosiert stark sexuell stimulierend.

Pfeffer Für die Inder ist der Pfeffer der »König der Gewürze«. Schon tausend Jahre vor unserer Zeitrechnung wurde er dort genutzt und später von Alexander dem Großen nach Europa gebracht. Pfeffer hat Kulturgeschichte geschrieben, seinetwegen wurden Kriege geführt und Menschenleben geopfert. Das bekannteste aller Gewürze gilt in Asien und Europa als Aphrodisiakum. Sein Bestandteil Piperin reizt die Schleimhäute und stimuliert den Geschlechtstrieb.

Lange Zeit beherrschten die Araber den Gewürzhandel und brachten neue Rezepte zur Entfachung der Liebeslust ins Abendland. Manche Gewürze waren teurer als Gold. Fälschungen – vor allem von Pfeffer, Safran und Muskatnuß – nahmen derart überhand und wurden offenbar für gesellschaftlich so gefährlich gehalten, daß sie im Heiligen Römischen Reich Deutscher Nation noch 1440 mit der Todesstrafe geahndet wurden.

Eine Standardwürzmischung, die bedenkenlos über fast jedes Essen gestreut werden kann und »das Feuer der Liebe niemals erlöschen läßt«, empfahl der jüdisch-arabische Arzt Moses Maimonides (1135-1204): 1 Unze langer Pfeffer, 1 Unze Galgantwurzel, 2 Unzen Zimt, 2 Unzen Anis, ½ Unze Macis und ½ Unze Muskat.

Vorkommen: Südasien.
Bezugsquelle: Lebensmittelgeschäft, spezielle Gewürzmischungen in Head-Shops.
Verzehr: als Gewürz.
Wirkung: anregend, kreislauffördernd.

Piment Die indianische Heilkunde setzt die Früchte und Blätter des Pimentbaumes bei der Behandlung von Neuralgien, Verdauungsproblemen und zur Erwärmung des Körpers ein. Sie entfachen die sexuelle Lust und werden gern in Kakao getrunken.

Vorkommen: Mittelamerika, Karibik.
Bezugsquelle: Lebensmittelgeschäft.
Verzehr: als Gewürz.
Wirkung: anregend.

Rosmarin Im Altertum wurde Rosmarin als Weihrauch oder zum Würzen von Wein verwendet. Der immergrüne Strauch galt als Pflanze des Todes und der Liebe, jahrhundertelang trugen Bräute Kränze aus Rosmarin. Auch Shakespeares Ophelia weiß von seiner tiefen Symbolik: »Und da ist Rosmarin, das ist für Treue.« Der im nördlichen Eurasien vorkommende Verwandte des Rosmarin (Ledum palustre) wird von Schamanen als Zauberkraut benutzt.

Vorkommen: Eurasien, Nordafrika, weltweit kultiviert.
Bezugsquelle: eigener Garten, Lebensmittelgeschäft.
Verzehr: als Gewürz. *Vorsicht: In zu hohen Dosen kann Rosmarin zum Abort führen.*
Wirkung: kreislaufanregend, verdauungsfördernd. Ein Bad mit Rosmarinöl wirkt erregend, durchblutet die Haut und steigert die Sensibilität.

Safran Schon im alten Ägypten war das Gewürz wegen seiner Heilkräfte begehrt. Die Griechen vermuteten, daß Safran die weiblichen Begierden anstachle. In der islamischen Medizin werden den in der Sonne getrockneten Blütengriffeln dieser Krokusart trockene und »heiße« Qualitäten zugesprochen – sie sollen den Geschlechtstrieb junger Männer und den Uterus stärken. Da die Pflanze ein ätherisches Öl mit psychoaktiven, erregenden Wirkungen enthält, fand sie auch Verwendung als Opiumersatz. Safranfäden sind heute – vergleicht man den Preis pro Gramm – wertvoller als Gold.

Vorkommen: Kleinasien und Nordafrika.
Bezugsquelle: Lebensmittelgeschäft.
Verzehr: als Gewürz (Fäden). *Vorsicht: Bei zu hoher Dosierung entwickelt Safran toxische und abortive Eigenschaften.*
Wirkung: anregend, berauschend. Lange, eigentümliche Orgasmusgefühle können die Folge sein.

Sellerie Geschätzt als Nahrungsmittel und Gewürz, ist Sellerie in Europa auch als Aphrodisiakum bekannt. Der Wurzel werden liebesfördernde Kräfte zugeschrieben, ein aus ihr zubereiteter Salat soll bei Potenzproblemen wahre Wunder wirken.

Vorkommen: weltweit.
Bezugsquelle: Lebensmittelgeschäft.
Verzehr: als Gemüse, als Gewürz (Samen), als Salat.
Wirkung: kräftigend, anregend.

Senf Von alters her wird Senf als potenzfördernd gehandelt. Der Römer Plinius war überzeugt, daß drei Blätter von weißem Senf, mit der linken Hand gepflückt, in Honigwasser getrunken, die Leidenschaften anheize. Klosterbrüdern wurde der Genuß von Senf verboten. Senfkörner enthalten das leicht giftige Senföl, das die Schleimhäute stark reizen kann. Es gibt drei verschiedene Arten von Senf: den schwarzen, den indischen und den weißen Senf. Der schwarze ist derjenige mit dem besten und intensivsten Aroma.

Vorkommen: Eurasien, Nordafrika.
Bezugsquelle: eigener Garten, Senfkörner und Würzpaste im Lebensmittelgeschäft.
Verzehr: als Gewürz (Körner, Paste).
Wirkung: anregend, reizend.

Sonnenblume Seit dem 16. Jahrhundert wird die Sonnenblume in Europa als Gartenpflanze kultiviert. Ihr Kraut und vor allem die Blütenblätter gelten als Heilmittel für Rheuma und Magen-Darm-Erkrankungen. Die Mayas kochten die Blütenblätter und tranken den Tee wegen seiner anregenden Wirkung, hervorgerufen durch die in ihnen enthaltene Chlorogensäure.

Vorkommen: weltweit.
Bezugsquelle: eigener Garten, Kerne im Reformhaus.
Verzehr: als Mehl, als Snack (Kerne), als Tee (Blütenblätter), als Öl.
Wirkung: anregend.

Spargel Die Chinesen nutzten das Spargelkraut bei Husten, die Ägypter schätzten es als Lebermittel und die Griechen als Nierenmedizin. Den bleichen, phallusförmigen, unterirdischen Trieben werden allerdings erregende Wirkungen zugeordnet. Am wertvollsten für die Medizin ist die Wurzel.

Vorkommen: weltweit.
Bezugsquelle: jedes Frühjahr frisch im Lebensmittelgeschäft.
Verzehr: als Gemüse.
Wirkung: harntreibend.

Süßholz Die frischen Wurzeln des Süßholzstrauchs dienen als Ausgangsstoff für die Lakritzgewinnung. Sie enthalten unter anderem Glycyrrhizin, ätherisches Öl sowie Hormone und werden als altes Hausmittel gern bei Husten und Magen-Darm-Problemen eingesetzt. Frauen schätzen Süßholz als Aphrosidiakum.

Vorkommen: Südosteuropa, Südwestasien.
Bezugsquelle: Asia-Laden.
Verzehr: als Pulver oder Tee.
Wirkung: tonisierend.

Tee Tee spielt, ähnlich wie Kaffee oder Kakao, eine weltweite Rolle als Genußmittel. Taoisten dient er als beliebtes Anregungsmittel und wird zur Meditation getrunken. Kombiniert mit anderen Zutaten wie Gewürzen, Wein, Ginseng oder Opium, gilt Tee auch als Aphrodisiakum. Je kürzer die Aufgußzeit, desto anregender seine Wirkung.

Vorkommen: Asien.
Bezugsquelle: Tee- und Lebensmittelgeschäft, frisch im Asia-Laden.
Verzehr: als Tee.
Wirkung: anregend.

Tollkirsche Im Altertum galt die Tollkirsche als mächtige Zauberpflanze. Hexen bereiteten einen hochwirksamen Liebestrank aus deren Wurzeln und Wein. Der Artenname Belladonna – schöne Frau – wird von der Wirkung des Atropin abgeleitet, das die Pupillen erweitert.

Vorkommen: Eurasien, Nordafrika.
Bezugsquelle: Wald, Samen in Head-Shops.
Verzehr: als Frucht, als Rauchwerk (Blätter). *Vorsicht: frische Beeren sind schwer zu dosieren. Alle Pflanzenteile enthalten Alkaloide, darunter Atropin, die richtig dosiert zwar die Liebeslust steigern, im Extremfall jedoch Atemlähmung und Tod hervorrufen können. Die für den Menschen tödliche Dosis liegt bei 0,1 g Atropin.*
Wirkung: halluzinogen.

Trüffel Für die Trüffel gilt, was für Pilze allgemein gültig ist: Es sind die Phallen der Erde. Als echte Rarität sind Trüffeln die Pilze unter den Pilzen: »Sein königlicher Geschmack wird alle Schwierigkeiten und Probleme auflösen«, sagt die französische Schriftstellerin Colette.

Vorkommen: wächst unterirdisch zwischen Eichenbäumen in der Dordogne, im Elsaß und der Provence, in Italien und Nordafrika.
Bezugsquelle: frisch oder eingelegt im Feinkostladen.
Verzehr: als Gemüse.
Wirkung: anregend, sensibilisierend.

Vanille Vanilleschoten waren und sind als duftendes Gewürz und wegen ihrer luststeigernden Wirkung heißbegehrt. Letztere tritt vor allem ein, wenn Vanille mit Kakao oder Pfeilwurzeln kombiniert wird. Homöopathen verabreichen Vanille als Heilmittel bei Impotenz.

Vorkommen: Mittelamerika.
Bezugsquelle: Lebensmittelgeschäft.
Verzehr: als Tinktur, als Gewürz.
Wirkung: anregend, kräftigend.

Wein Wein ist fraglos eines der weltweit bedeutendsten Rauschmittel, dessen Genuß oft rituellen Zwecken – dem Erreichen der Ekstase – diente. Als wunderbares Aphrodisiakum und heiliges Getränk wird Wein seit alters her gepriesen. Cleopatra soll ihm für die totale Enthemmung Rohopium und einige Nachtschattengewächse beigemengt haben. Andere reicherten ihn mit Fliegenpilzen an.

Trauben wurden bereits vor über fünftausend Jahren im Zweistromland kultiviert. Der Kult um deren berauschenden Saft fand in Griechenland seinen Höhepunkt. Zu Ehren des Gottes Dionysos wurden regelrechte Massenorgien, die Dionysien, veranstaltet, bei denen der Rebensaft in Strömen floß. Doch der heilige Wein des Dionysos wurde keinesfalls pur getrunken: Wermut, Ysop, Thymian, Lorbeer, Myrrhe, Krokus- und Majoranöl, Minze, Wacholder, Pfeffer, Bilsenkraut, Stechapfel, Nieswurz und Opium erhöhten seine Rauschwirkung. Sie war so stark, daß der Wein ordentlich mit Wasser verdünnt werden mußte – andernfalls wäre so manch einer bis zu seinem Lebensende dem Wahnsinn verfallen.

Vorkommen: weltweit.
Bezugsquelle: Weinhandlung, Lebensmittelgeschäft.
Verzehr: als Wein.
Wirkung: berauschend, enthemmend.

Wermut Wermut ist eine der ältesten Heilpflanzen in der gynäkologischen Volksmedizin und war im Altertum der jugendlichen Göttin Artemis geweiht. Seine Zweige dienten als Liebeszauber, die getrockneten Blätter werden als Ersatz für Marihuana geraucht. Absinth, Branntwein aus Wermut, mit Anis und Fenchel versetzt, wurde zur berüchtigten Droge der Bohemiens. Das Kraut enthält den psychedelisch-anregenden Wirkstoff Thujon, der auch toxisch wirken kann.

Vorkommen: Eurasien, Nordafrika, Amerika.
Bezugsquelle: eigener Garten, getrocknet im Kräuterfachhandel und in Apotheken.
Verzehr: als Absinth, als Rauchwerk (Kraut).
Wirkung: leicht psychedelisch.

Zimt Bereits 2800 Jahre vor unserer Zeitrechnung wird Zimt im Kräuterbuch eines chinesischen Kaisers erwähnt. Die getrocknete Rinde des aus Ceylon stammenden Zimtbaumes wird zum Würzen von Süßspeisen und Glühwein verwendet. Das dickflüssige, scharfriechende Zimtöl wird aus Rinde und Blättern destilliert und hilft gegen Erkältungen. Salbt man damit seine Genitalien, ist die erotische Stimulation gewiß.

Vorkommen: Südostasien.
Bezugsquelle: Lebensmittelgeschäft.
Verzehr: als Gewürz für Speisen und Getränke, als Badezusatz und zum Einreiben.
Wirkung: stark antibakteriell, appetitanregend, den Monatszyklus regulierend.

Zwiebel Die Zwiebel ist eines der ältesten Gemüse und als solches eine der Leib- und Magenspeisen der alten Ägypter, die sie zur Göttin erhoben und entsprechend verehrten. Später beklagten die Israeliten bei ihrem Auszug aus Ägypten vor allem den Verlust der Zwiebel. Für Griechen und Römer war sie medizinisches Gemüse, das gegen Erkältung und Husten eingesetzt wurde. Gleichzeitig schätzten sie die Zwiebel, ähnlich wie den Knoblauch, als Aphrodisiakum und verstanden sie als Symbol für Fruchtbarkeit.

Vorkommen: weltweit.
Bezugsquelle: Lebensmittelgeschäft.
Verzehr: als Gemüse, als Gewürz (pulverisiert).
Wirkung: stark antibakteriell, anregend.

Rezepte

Alle Rezepte sind,
wenn nicht anders angegeben,
für zwei Personen.

Vorspiel

Sie sitzen in ihrem Lieblingsrestaurant. Französische Küche, weiße Tischdecken, gefaltete Leinenservietten, viel Silber, edles Kristall, überall Kandelaber und Blumen. Verschwenderische Fülle in hohen Räumen, Luxus pur. Gerade hat der Dieb seinen Wortschwall mit einem genießenden und satten Rülpser unterbrochen. Georgina füllt die Pause mit sanfter Stimme: »Gourmets rülpsen nicht.«

Am Nachbartisch sitzt ein Mann völlig in ein Buch versunken. Ißt wie nebenbei und registriert nicht, wie ihm das Essen von der Gabel fällt – Georgina beobachtet ihn amüsiert. Sie sieht, wie er die leere Gabel an die offenen Lippen führt. Erst als das Metall den Mund berührt, schaut er auf und trifft auf ihr leises Lächeln. Sie sehen sich an, prüfend, neugierig tasten sie sich mit Blicken ab.

Der Dieb redet: »Geld ist mein Geschäft und Essen mein Vergnügen. Georgina ist auch mein Vergnügen. Allerdings auf einer viel privateren Ebene.« Lacht laut und grapscht unter dem Tisch nach ihr. »Hat sich den Mund vollzustopfen und die Kloschüssel zu füllen. Obwohl diese Vergnügen zusammengehören. Weil die unanständigen Körperteile und die schmutzigen Körperteile so nah beieinanderliegen, schon daran sieht man, wie Sex und Essen zusammengehören.«

Georginas Blicke schweifen immer wieder zum anderen Tisch. Unvermittelt steht sie auf und eilt auf die Toilette. Sie bleibt nicht lange. Er ist ihr gefolgt. Zeigt sich und sein Interesse, verläßt aber schnell wieder den Raum. Georgina dreht und wendet sich – ein Ballett der Unentschlossenheit. Sie eilt zurück in den Speisesaal.

Blicke des Begehrens gehen von Tisch zu Tisch. Rastlos eilt sie wieder zum Klo: »Ich hab mein Feuerzeug vergessen.« Erneut errötend, trifft sie ihn, ergreift scheu seine Hand, führt sie fordernd an ihre Brüste. Der Liebhaber drängt sie in das helle Weiß der Toilette und beginnt sie in einer der Kabinen zu entblättern. Dabei entdeckt er ihre schwarzen Dessous und ihre makellose Alabasterhaut. Gierige Küsse, lustvolles Keuchen.

Szene aus dem Film ›Der Koch, der Dieb, seine Frau und ihr Liebhaber‹ von Peter Greenaway

Frische Kräuter geben jedem Salat seine besondere Note, vor allem Männer vertrauen der Kraft des Liebstöckels als Aphrodisiakum.

Frühlingssalat

einige Blätter Kopf-, Frisée- und Eichblattsalat,
Lollo rosso, Löwenzahn und junge Brennesseltriebe
6 Radieschen
1 EL Rotweinessig
3 EL Sonnenblumenöl
Pfeffer
½ Knoblauchzehe
reichlich Kräuter (Kerbel, Petersilie, Origano,
Pimpinelle, Liebstöckel)
zum Garnieren: Schnittlauch, Kresse

Salate putzen, waschen und abtropfen lassen. Die Radieschen blätterförmig einschneiden und in lauwarmes Wasser legen, damit sich die Röschen entfalten können.

Aus Essig, Öl, Salz, Pfeffer, zerdrücktem Knoblauch und den feingehackten Kräutern die Sauce zubereiten.

Die Salatblätter auf zwei Tellern anrichten, mit Schnittlauch und Kresse bestreuen, mit Radieschen garnieren.

Zucchiniblüten sind nicht nur optisch ein erotischer Leckerbissen. Ein raffiniertes Fritürerezept aus Italien.

Ausgebackene Zucchiniblüten

3 EL Mehl
1 EL Weißwein
10 Zucchini- oder Kürbisblüten
Erdnußöl zum Ausbacken

Mehl mit Wein, 5 EL kaltem Wasser und etwas Salz verrühren. Den Teig 30 Min. ziehen lassen.

Die Blüten vorsichtig in kaltes Wasser tauchen, dabei nur den Stiel berühren. Auf Küchenpapier vollständig abtropfen lassen. Die Blüten an den Blättern fassen und leicht zusammendrücken, damit kein Teig ins Innere fließen kann. Durch den Teig ziehen und in heißem Öl bei 180° C ausbacken.

Auf Küchenpapier abtropfen lassen. Warm servieren.

Variante: Man kann die Blüten vor dem Fritieren auch füllen: Vorsichtig in jede Blüte ein halbes, kleingeschnittenes Sardellenfilet und etwas grobgehackten Mozzarella legen, anschließend durch den Teig ziehen.

Ihrer Form und ihres schnellen Wachstums wegen galten Pilze im Altertum als die Phallen der Erde. Trüffeln und Morcheln stehen noch heute hoch in der Gunst, aber auch Champignons erfüllen ihren Zweck.

Gefüllte Champignons

10 große Champignonköpfe
75 g Schalotten
Butter
1 Bund Petersilie
einige Thymianzweige
schwarzer Pfeffer
edelsüßer Paprika
einige EL Weißwein

Die Pilze putzen und abreiben, die Stiele herausdrehen und zusammen mit zwei Pilzköpfen sehr fein würfeln. Die Schalotten schälen und fein hacken.

In einer Pfanne 1 EL Butter erhitzen und die Schalotten glasig dünsten. Gehackte Pilze einrühren und einige Minuten braten. Dabei nach und nach soviel Butter zugeben, wie die Pilze aufnehmen. Mit den gehackten Kräutern, Salz, Pfeffer und Paprika würzen. Bei mittlerer Hitze garen, bis die Flüssigkeit verdampft ist.

Die Masse in die Pilzköpfe füllen. Nebeneinander in eine gefettete Form stellen und Wein zugießen. Im auf 200° C vorgeheizten Ofen 25 Min. backen.

»Die Wurzeln und das Fleisch der Artischocke, mit Salz, Pfeffer und Galgant gegessen, öffnen den Gang zum unkeuschen Samen.«

P. A. Matthiolus, italienischer Arzt und Gelehrter, 16. Jahrhundert

Wachteln auf Artischocken

2 Artischocken
Zitronensaft
Eichblattsalat
2 Wachteln
Pfeffer
Butter
1 EL Sherryessig
2 EL Traubenkernöl

Stiele der Artischocken abbrechen, Blätter und »Heu« entfernen. Die Artischocken in feine Streifen schneiden, in Zitronenwasser brühen, kalt abschrecken und abtropfen lassen. Den Salat putzen, waschen und abtropfen lassen.

Die Wachteln gründlich waschen, abtrocknen und das Fleisch entlang dem Brustbein bis auf den Knochen einschneiden. Brusthälften und Keulen abtrennen. Das Fleisch mit Pfeffer und Salz würzen und in der erhitzten Butter rosa braten. Zum Abkühlen beiseite stellen, dann die Knochen von den Brüsten lösen.

Kurz vor dem Anrichten die Artischockenstreifen und den Salat mit Salz, Pfeffer und Essig marinieren, mit Öl beträufeln. Die Wachtelbrüste in zwei Scheiben schneiden und zusammen mit den Keulchen auf die Salatteller legen.

Der Hase ist wegen seiner Fruchtbarkeit der Fürst unter den fleischlichen Aphrodisiaka.

Blattsalat mit Kaninchenfilet

1 Kaninchenfilet
3 Wacholderbeeren
schwarzer Pfeffer
Butter
einige Blätter Radicchiosalat
30 g Feldsalat
50 g Champignons
25 g durchwachsener Räucherspeck
1 EL Olivenöl
½ TL Honig
2 EL Apfelessig
½ Bund Schnittlauch

Das Fleisch waschen, abtrocknen, mit zerdrückten Wacholderbeeren und Pfeffer einreiben. In heißer Butter rundherum anbraten, salzen. Die Hitze reduzieren und 10 Min. braten. Beiseite stellen.

Inzwischen die Salate putzen, waschen, trocknen und auf zwei Tellern anrichten. Die Champignons abreiben und putzen, in Scheiben schneiden und zugeben.

Den Speck in kleine Würfel schneiden und mit dem Öl zum Bratenfond in die Pfanne geben. Ausbraten und wieder herausnehmen, das Fett in der Pfanne lassen. Honig einrühren, vom Herd nehmen, mit Essig ablöschen, salzen, pfeffern und über den Salat träufeln.

Das Kaninchenfilet in Scheiben schneiden und auf Tellern anrichten, geschnittenen Schnittlauch und Speckwürfel darüberstreuen.

»Spargen ist eine liebliche Speise für die Müssiggänger, doch stets genossen, schwächet es die Natur.«

Adamus Lonicerus im ›Kreutterbuch‹ (1783)

Spargel-Filet-Salat

100 g weißer Spargel
100 g grüner Spargel
200 g Rinderfilet
weißer Pfeffer
1 EL Pflanzenöl
2 EL Balsamico-Essig
3 EL Olivenöl
einige Rosmarinspitzen
2 Thymianzweige
Zitronenmelisse

Weißen Spargel putzen, waschen, schälen und in wenig Salzwasser 15-18 Min. dünsten. Grünen Spargel nur im unteren Drittel schälen, in wenig Salzwasser knapp 10 Min. dünsten. Abtropfen lassen.

Das Fleisch waschen, trockentupfen und rundherum pfeffern. In Pflanzenöl scharf anbraten, salzen und bei verringerter Hitze 7-9 Min. dünsten – das Fleisch soll innen roh bleiben.

Inzwischen Essig, Olivenöl, Rosmarin und die abgezupften Thymianblättchen in eine Pfanne geben und langsam erhitzen, dabei immer wieder umrühren. Vom Herd nehmen.

Das Rinderfilet in möglichst dünne Scheiben schneiden und von beiden Seiten durch die warme Marinade ziehen. Mit dem Spargel anrichten und der Melisse bestreuen.

Austern gelten seit jeher als das stärkste Aphrodisiakum, oft wurde ihre Schale auch zerrieben und in Tränke gemischt. Ludwig IV. soll vor seiner Hochzeit mit der spanischen Infantin Maria Theresia 400 Austern verzehrt haben.

Austern auf Blattspinat mit Champagnersauce

10 Austern
200 g frischer Blattspinat
2 Schalotten
50 g Butter
⅛ l Sahne
6 EL Champagner
weißer Pfeffer
geriebene Muskatnuß
Cayennepfeffer
1 TL Zitronensaft
1 TL feingeschnittener Schnittlauch

Die Austern mit einem Austernmesser aufbrechen, das Fleisch herauslösen. Die Flüssigkeit in eine Schale gießen.

Den Spinat verlesen, putzen und gründlich waschen. In Salzwasser kurz blanchieren und in eiskaltem Wasser abschrecken. Eine kleingeschnittene Schalotte in 10 g Butter glasig dünsten. Den Spinat dazugeben und kurz durchschwenken.

Die andere kleingewürfelte Schalotte ebenfalls in 10 g Butter andünsten, mit Sahne aufgießen und bei starker Hitze einkochen, bis die Sahne sämig ist. Mit Champagner aufgießen, kurz aufkochen und mit Salz, Pfeffer, Muskat, Cayennepfeffer und Zitronensaft würzig abschmecken. Die Austern samt durchgesiebter Flüssigkeit in die Sauce geben und nach 20 Sek. mit einem Löffel wieder herausholen – richtige Austernfans essen sie übrigens roh.

Den Spinat auf zwei Tellern anrichten und mit den Austern belegen. Die Sauce mit einem Pürierstab noch einmal aufmixen, dabei die restliche Butter in kleinen Flöckchen dazugeben. Die Sauce über die Austern verteilen und mit Schnittlauch bestreuen.

Aphrodite kam in einer Muschel aus dem Meer an den Strand Zyperns. Als weltweit bekanntes Symbol für die Vulva entfachen Muscheln von alters her neue Liebesglut.

Muscheln in Rieslingsud

1 kg Miesmuscheln
1 Möhre
1 Stange Sellerie
3-4 cm einer Porreestange
1 Knoblauchzehe
1 Schalotte
2 EL Öl
Pfeffer
⅛ l Riesling
½ Bund glatte Petersilie
knuspriges Baguette

Muscheln sorgsam verlesen, unter fließendem Wasser bürsten und von den Bärten befreien, dabei geöffnete Muscheln wegwerfen. Abtropfen lassen.

Möhre, Sellerie und Porree kleinwürfeln, ebenso Knoblauch und Schalotte. In einem Topf Öl erhitzen, Knoblauch und Schalotte glasig dünsten. Das Gemüse hinzufügen, salzen und pfeffern, kurz anschwitzen. Den Wein aufgießen, die Muscheln dazugeben und bei geschlossenem Topf 4-5 Min. garen, dabei gelegentlich den Topf schütteln.

Die Muscheln sind gar, wenn sich die Schalen geöffnet haben; diejenigen, die immer noch fest verschlossen sind, wegwerfen.

Gehackte Petersilie über die Muscheln streuen, auf zwei tiefen Tellern servieren. Baguette dazu reichen.

Berühmt und weltbekannt für seine sexuell anregende Macht – der Ingwer.

Geräucherte Gänsebrust mit Melone und frischem Ingwer

20 g Ingwerwurzel
½ Melone
100 g geräucherte Gänsebrust
einige Minzeblätter

Ingwer schälen, in Streifen schneiden und 3 Min. in kochendes Salzwasser legen. Herausnehmen, kalt abschrecken und abtropfen lassen.

Die Melone entkernen, schälen und in dünne, gleich große Scheiben schneiden. Die Scheiben fächerförmig auf Tellern anordnen und mit den Ingwerstreifen bestreuen.

Die Gänsebrust in dünne Scheiben schneiden, zu den Melonen anrichten und mit Minzeblättern garnieren.

»Die Avocado bewirkt sexuelle Leidenschaft. Ludwig IV. nannte sie ›la bonne poire‹ (die gute Birne), weil sie seine nachlassende Libido zu beleben schien.« Robert Hendrickson in ›Fools for Love‹ (1974)

Avocados mit Jakobsmuscheln und Kaviar

2 Schalotten
2 EL Olivenöl
2 Zitronen (Saft)
6-8 grüne Pfefferkörner
½ EL gehacktes frisches Basilikum
4 Jakobsmuscheln
2 Avocados
schwarzer Pfeffer
2 TL roter Kaviar
1 EL feingeschnittener Schnittlauch

Gehackte Schalotten, Öl und drei Viertel des Zitronensaftes mit den leicht zerdrückten Pfefferkörnern und Basilikum mischen. Das Muschelfleisch waschen, trocknen, kleinschneiden und mit den ganzen Corails, dem roten Teil der Muscheln, in die Marinade geben. 1 Std. im Kühlschrank ziehen lassen.

Die Avocados längs halbieren, den Kern entfernen, die Schnittfläche sofort mit Zitronensaft beträufeln. Das Avocadofleisch vorsichtig aus der Schale lösen – zwei halbe Schalen zurückbehalten – und mit dem restlichen Zitronensaft pürieren. Mit Salz und schwarzem Pfeffer abschmecken.

Die Muscheln abtropfen lassen und unter das Avocadopüree mischen. Zwei Corails als Garnitur zurückbehalten. Die Mischung in die Avocadoschalen geben, mit je einem Corail und Kaviar garnieren und mit Schnittlauch bestreuen.

Äpfel und Nüsse gelten als weibliches Fruchtbarkeitssymbol, und auch vom Sellerie erzählt man sich wahre Wirkungswunder für die Potenz.

Selleriesalat

1 junge Sellerieknolle
200 g säuerliche Äpfel
Zitronensaft
50 g Walnußkerne
40 g geschlagene Sahne
weißer Pfeffer
Zucker
40 g Mayonnaise
zum Garnieren:
Salatblätter, Kresse,
Walnußkerne, Cocktailtomaten

Sellerie und Äpfel schälen und in sehr feine Stifte von 2 cm Länge schneiden. Sofort mit Zitronensaft beträufeln. Walnüsse hacken und dazugeben.

Für die Marinade die Sahne mit etwas Salz verrühren, Pfeffer und eine Prise Zucker unter die Mayonnaise heben. Den Salat darin wenden, abschmecken und kalt stellen.

Vor dem Servieren mit Salatblättern, Kresse, Walnüssen und Tomaten garnieren.

»Der Granatapfel ist das Symbol für das körperliche Geheimnis der Frau, als auch für den Zugang zu diesem.«

Geoffrey Grigson in ›Aphrodite, Göttin der Liebe‹ (1978)

Salat mit Entenleber und Granatapfel-Vinaigrette

1 EL Rosinen
2-3 EL Rotwein
1 Granatapfel
1 EL kleine Kapern
1 TL Balsamico-Essig
1 EL Rotweinessig
Pfeffer
1 TL dünnflüssiger Honig
1 EL Olivenöl
3 EL Pflanzenöl
60 g Eisbergsalat
100 g Entenleber
2 EL Geflügelfond

Die Rosinen mit Wein begießen und einige Stunden zugedeckt einweichen. Den Granatapfel quer halbieren, die Kerne herauslösen. Mit den Kapern zu den Rosinen geben und vermischen.

Aus beiden Essigsorten, Salz, Pfeffer, Honig, Olivenöl sowie 2 EL Pflanzenöl eine glatte Salatsauce rühren und zu der Granatapfelmischung geben.

Den Salat putzen, waschen und abtropfen lassen. In mundgerechte Stücke teilen.

Die Entenleber säubern, von Fett und Sehnenteilen befreien und in Stücke schneiden. Das restliche Pflanzenöl erhitzen und die Leber von beiden Seiten kurz scharf anbraten. Herausnehmen und warm stellen. Den Bratensatz mit Geflügelfond ablöschen und um die Hälfte einkochen. Die Leber in dem Bratensaft schwenken.

Den Salat mit der Granatapfel-Vinaigrette in einer Schüssel anmachen, auf zwei Teller verteilen und mit der Leber belegen.

Feigen sind die Krönung eines Liebesmahls – nicht nur wegen ihres Aussehens.

Schinken mit Melone und Feigen

1 kleine Zuckermelone
8 reife Feigen
150 g Parmaschinken

Die Melone kalt stellen. Vor dem Servieren halbieren, die Samen entfernen. Längs in Scheiben schneiden, schälen und sternförmig auf einer runden Platte anordnen.

Die Feigen schälen und an den Rand der Platte legen. Den gerollten Schinken zwischen die Melonenscheiben geben.

Die Melone wird erst am Tisch gesalzen.

Zwiebeln reizen nicht nur die Tränendrüsen, sondern auch die Leidenschaft. Zusammen mit den anregenden Nelken und dem kräftigenden Ingwer sind sie einfach unfehlbar.

Griechische Zwiebeln

350 g mittelgroße Zwiebeln
Gewürznelken
2 EL Olivenöl
½ TL Zucker
¾ Glas Rotwein
½ Zitrone (Saft)
½ TL gemahlener Ingwer
1 TL Kapern
Pfeffer

Geschälte Zwiebeln mit je vier Nelken spicken. In heißem Öl und Zucker goldgelb braten. Wein, Zitronensaft, Ingwer und Kapern hinzufügen, salzen und pfeffern. Bei schwacher Hitze 15 Min. dünsten.

Shrimps in Begleitung solcher Gewürze – da wird jede Nacht zur Hochzeitsnacht.

Ceylonesische Hochzeitskugeln

am Vortag beginnen

300 g gelbe Trockenerbsen
150 g feingehackte Zwiebeln
200 g Shrimps
80 g eingeweichte Rosinen
3 EL feingehackte Peperoni
2 EL geriebene Mandeln
3 EL Mehl
Garam Masala (indische Würzmischung)
Zimt
Safran
Ingwer
Chili
Öl zum Ausbacken

Erbsen über Nacht einweichen, zerstampfen und zu feinem Mus zerkochen. Die Zwiebeln anschwitzen. Mit den Shrimps, Rosinen, Peperoni, Mandeln, Mehl und dem Mus vermischen. Mit Salz und den übrigen Zutaten würzen.

Vier Kugeln formen und in Öl ausbacken.

Sündige Suppen

»Diejenigen nun, die mit größerem Vergnügen und Wohlgefallen darauf bedacht sein wollen, Kinder zu zeugen, und daher eine größere Menge Samen benötigen, werden den Koitus mit größerer Wirkkraft ausüben, wenn sie, bevor sie sich an dieses Geschäft machen, wozu der Mann sich gewöhnlich anschickt, wenn er eine Frau nimmt, eine Gemüsesuppe mit frischem Brot und halbgaren Eiweißen machen, die milchig geworden ist. Diese soll man drei oder vier Tage lang jeden Morgen und Abend vor der Mahlzeit einnehmen. Ich glaube nun nicht, daß es etwas Besseres in diesem Fall gibt.« D. Agostino Lampognani in ›Abate Cassinese‹ (1653)

Spargelsaft fand sich in den Liebestränken der thessalinischen Hexen und der Inderinnen. Der italienische Arzt P. A. Matthiolus schrieb: »Spargel in der Speis genossen, bringt den Männern lustige Begierde.«

Spargelsuppe

250 g weißer Spargel (nicht unbedingt beste Qualität)
50 g Butter
5-6 EL Sahne
5-6 EL Kalbs- oder Geflügelfond
Pfeffer
1 EL geschlagene Sahne
Kerbelzweige

Den Spargel waschen und schälen. Die Köpfe abschneiden und die Stangen in 2-3 cm lange Stücke schneiden. In einem Topf Butter aufschäumen und den Spargel 8-10 Min. dünsten.

Die Spargelköpfe herausheben und beiseite legen. Sahne und Fond zu den Spargelstücken geben, kurz durchkochen. Im Mixer fein pürieren, mit Salz und Pfeffer abschmecken.

Vor dem Servieren die geschlagene Sahne unterziehen, mit den Spargelköpfen anrichten und die gezupften Kerbelblättchen darüber verteilen.

Der Spitzmorchel wurden schon allein aufgrund ihrer Form männlichkeitsstärkende Wirkungen zugeschrieben. Sie hieß früher auch Eichelschwamm oder Eichelmorchel.

Morchelsuppe

250 g Speisemorcheln
1 kleine Zwiebel
30 g Butter
¼ l trockener Weißwein
⅓ l Knochenbrühe
schwarzer Pfeffer
1 Tasse saure Sahne
12 Spitz- oder 6 Speisemorcheln
1 TL Zitronensaft
geriebene Muskatnuß
1 Eigelb
1 Bund Petersilie
Thymian

Speisemorcheln säubern, überbrühen und kleinschneiden. Die Zwiebel fein hacken und in Butter anschwitzen, die Morcheln dazugeben und 5 Min. dünsten. Mit Wein und Brühe auffüllen, mit Salz und einer Prise Pfeffer würzen, 20 Min. köcheln. Durch ein Sieb passieren und die saure Sahne dazugeben.

Inzwischen die Spitzmorcheln (oder halbierten Speisemorcheln) in etwas Butter und Zitronensaft etwa 10 Min. dünsten. Mit einer Prise Muskat, Pfeffer und Salz würzen.

Die Suppe nochmals aufkochen, vom Herd nehmen und mit dem Eigelb legieren. Die gedünsteten Morcheln als Einlage auf die Teller verteilen, mit den gehackten Kräutern bestreuen und die Suppe darübergießen.

Schon 3500 vor Christi Geburt schätzten die Ägypter die Zwiebel als Aphrodisiakum. Ihr Genuß war den Mönchen im Mittelalter verboten.

Zwiebelsuppe

2 mittelgroße Zwiebeln
1 EL Butterschmalz
Pfeffer
gemahlener Kümmel
½ TL Kräuter der Provence (Thymian, Rosmarin, Estragon, Origano, Majoran)
1 EL Mehl
350 ml Fleischbrühe
150 ml Weißwein
2 Scheiben Weißbrot
50 g geriebener Gruyère oder Emmentaler

Die Zwiebeln in dünne Ringe schneiden und in Schmalz goldgelb anbraten. Mit Salz, Pfeffer, einer Messerspitze Kümmel und den Kräutern würzen, das Mehl darübersieben. Kurz anschwitzen und die Fleischbrühe unter Rühren angießen. Den Wein zugeben und die Suppe bei schwacher Hitze zugedeckt 15 Min. köcheln. Abschmecken.

Die Weißbrotscheiben toasten oder im Backofen rösten, je eine in eine feuerfeste Suppentasse legen. Den Käse darauf verteilen. Die Suppe vorsichtig neben den Brotscheiben in die Tassen gießen – die Scheiben steigen nach oben. Die Tassen kurz in den Backofen oder Grill stellen, bis der Käse zerlaufen ist.

Geht es nach den alten Griechen, so stachelt Safran nicht nur die weibliche Sinneslust an, sondern fördert auch den Geschlechtstrieb junger Männer.

Fischsuppe mit Safran

250 g Fischfilet (Zander, Heilbutt)
1 kleine Kohlrabi
1 dünne Stange Porree
1 Schalotte
1 Knoblauchzehe
20 g Butter
Mehl
½ l Fischfond
Safran
weißer Pfeffer
Zitronensaft
2 EL Doppelrahm
1 TL feingeschnittener Schnittlauch

Fisch kalt waschen und trockentupfen, in Würfel oder Streifen schneiden. Kohlrabi schälen und in dünne, schmale Streifen schneiden, den Porree halbieren und ebenfalls streifig schneiden. Die gewürfelte Schalotte mit dem feingehackten Knoblauch in Butter glasig dünsten. Das Gemüse dazugeben und mit Mehl anschwitzen. Den Fischfond aufgießen und mit einer Messerspitze Safran, Salz und Pfeffer würzen. 6-8 Min. schwach köcheln.

Die Fischstücke salzen und pfeffern, mit Zitronensaft beträufeln und in die Suppe geben. 2 Min. ziehen lassen, dann die Fischstücke herausheben und in die Suppenteller geben. Den Doppelrahm unter die Suppe rühren, kurz aufkochen und über den Fisch verteilen. Mit Schnittlauch bestreuen.

Fisch, Zwiebeln, Porree, Sellerie und Basilikum – kein Rezept für keusche Stunden.

Sojakeime in süß-saurer Fischsuppe

200 g Fischfilet (Seezunge, Thunfisch)
4 Tomaten
2 Scheiben frische Ananas
2 Zwiebeln
1 Stange Porree
2 Stangen Sellerie
2 EL Zitronensaft oder Weinessig
125 g frische Sojakeime
Zucker
Öl
2 EL Fischsauce (Nuoc-mam)
Pfeffer
1 frische Peperoni
1 Bund Basilikum

Den Fisch waschen und in Würfel schneiden. Die Tomaten überbrühen, enthäuten und vierteln, die Ananasscheiben achteln. Die Zwiebeln in feine Streifen, Porree und Sellerie in etwa 2 cm große Stücke schneiden.

½ l Wasser zum Kochen bringen. Zwiebeln, Tomaten, Porree, Sellerie, Ananas und Zitronensaft hinzugeben und 10 Min. kochen. Fisch, Sojakeime, Salz, Zucker, Öl, Fischsauce, Pfeffer sowie die geschnittene Peperoni hinzufügen und 5 Min. kochen.

Mit kleingehacktem Basilikum bestreuen und sofort servieren.

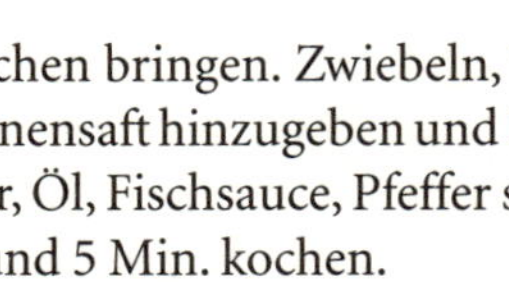

»Anis, Ingwer und Koriander sollen helfen, wenn es an der nötigen Begierde zu ehelichen Werken fehlt.«

Jacobus Theodorus Tabernaemontanus in ›Neu vollkommen Kräuter-Buch‹ (1731)

Geisha-Suppe

60 g Schweinefleisch
½ TL Reis- oder Weizenmehl
1 TL gemahlener Koriander
1 TL Pflanzenöl
Zucker
Pfeffer
250 g Chinakohl
Schmalz
2 Scheiben frischer Ingwer
1 Ei
Anis

Fleisch in hauchdünne Streifen schneiden, mit Mehl, Koriander, Öl sowie je einer Prise Zucker und Pfeffer vermischen. Den Kohl in 1-2 cm dicke Streifen schneiden.

In einer Pfanne Schmalz erhitzen, Ingwer und Salz ½ Min. rösten. Den Kohl zugeben und sofort ½ l Wasser darübergießen, das Fleisch hinzugeben und 5 Min. bei schwacher Hitze kochen.

Vom Herd nehmen, das gut verquirlte Ei und etwas Anis unterrühren.

»Wer Krabben liebt, wird von der Liebe gebeutelt.« Dänisches Sprichwort

Krabbensuppe

1 Zwiebel
½ l Hühnerbrühe
1 Würfel Hummersuppe
250 g frische Krabben ohne Schale
2 EL Crème fraîche
Pfeffer
frischer Dill oder Petersilie

Die Zwiebel kleinhacken und in die Brühe geben. Kräftig aufkochen und den Würfel Hummersuppe zugeben. Sobald er sich aufgelöst hat, die Hitze reduzieren. Krabben und Crème fraîche hinzugeben, gut umrühren und 10 Min. ziehen lassen. Mit Pfeffer und Salz abschmekken. Die Suppe darf nicht mehr kochen.

Vor dem Servieren mit Dill oder Petersilie bestreuen.

»Ohne Zitrone floriert die Liebe nicht.«

Hugo Hertwig, deutscher Biologe, in ›Heilpflanzenbuch‹ (1964)

Zitronensuppe

4 Knoblauchzehen
2 EL Olivenöl
30 g Reis
½ l Gemüsebrühe
Pfeffer
1 Gewürznelke
1 TL abgeriebene Zitronenschale (ungespritzt)
15 feingehackte Minzeblätter
3 Eigelb
1 EL Zitronensaft

Kleingehackten Knoblauch in Öl anbraten, Reis dazugeben und 2-3 Min. unter Rühren mitbraten. Gemüsebrühe dazugießen und mit Pfeffer und Nelke 40 Min. leicht köcheln. Während der letzten 5 Min. Zitronenschale und Minze hinzugeben.

Die Suppe vom Herd nehmen, die Nelke entfernen. In einer großen Schüssel die Eigelbe schaumig schlagen und den Zitronensaft unter Rühren hinzugeben. Die heiße Suppe unter ständigem Rühren dazugießen – das Eigelb darf nicht gerinnen. Mit Salz abschmecken.

Exotische Gewürze machen nicht nur das Mahl schmackhafter, sie stimulieren auch den Liebestrieb.

Mulligatawny-Rindfleischsuppe

300 g kleingeschnittenes Rindfleisch
Butter
2 Zwiebeln
1 Chilischote
1 TL Korianderkörner
gemahlener Kreuzkümmel
Pfeffer
1 EL Curry
Zucker
3 Knoblauchzehen
1 Dose Tomatenpüree
frische Korianderblätter

Rindfleisch in Butter anbraten, Zwiebeln und Chili klein würfeln. Zwiebeln, zerstoßene Korianderkörner, Kreuzkümmel, Chili, Pfeffer, Curry, Zucker und Salz vorsichtig mit dem Fleisch erwärmen. Kleingehackten Knoblauch hinzugeben – er darf nicht anbrennen. Nach 1 Min. das Tomatenpüree zugeben und mit 400 ml Wasser auffüllen. 30 Min. köcheln.

Mit kleingeschnittenen Korianderblättern garnieren.

Vom Chili »soll man nicht über 12 Körnlein auf einmal einnehmen, sonst bringt es Schaden und macht den Menschen ganz toll.«

Adamus Lonicerus im ›Kreutterbuch‹ (1783)

Kürbissuppe

2 Knoblauchzehen
1 Chilischote
2 Tassen Fleischbrühe
Erdnußöl
1 Zwiebel
2 Scheiben Toastbrot
250 g Kürbis
80 g frische Spinatblätter

Knoblauch und Chili in einem Mörser zu einer Paste zerstampfen. In eine Schüssel geben und die Fleischbrühe unter ständigem Rühren hinzugießen.

In einem Topf Öl erhitzen und die gehackte Zwiebel goldgelb anbraten. Toastbrot ohne Rinde im Öl anbraten, mit der Fleischbrühe ablöschen.

Den kleingeschnittenen Kürbis in die Brühe geben und 10 Min. köcheln. Salzen, anschließend pürieren. Die Suppe in einen Topf geben und erhitzen, die Spinatblätter hinzugeben und 5 Min. bei schwacher Hitze köcheln.

Ein Schuß Wermut beflügelt die Liebeskraft. Eine kräftigende Stärkung aus Fernost.

Nori-Suppe mit Ei

2 große Blätter Nori (Seetang)
½ l Hühnerbrühe
2 feingehackte Frühlingszwiebeln
¼ TL kleingehackter Ingwer
1 EL Wermut
1 Schuß Sesamöl
2 Eier

Seetang kurz in einer Pfanne rösten, bis er sich grünlich verfärbt. Die Blätter zerkrümeln und in die Hühnerbrühe geben. Zum Kochen bringen, die Hitze reduzieren und die restlichen Zutaten bis auf die Eier hinzugeben. Die Eier verquirlen und in die Bouillon gießen. Sobald sie stocken, servieren.

Zucchinisuppe – kalt oder heiß

2 mittelgroße Zucchini
2 mittelgroße Zwiebeln
½ l Hühner- oder Gemüsebrühe
125 g Naturjoghurt
Pfeffer
Schnittlauch

Zucchini in Stücke, Zwiebeln in dicke Scheiben schneiden. Brühe zum Kochen bringen, beides hineingeben, bis sich die Zucchini leicht einstechen lassen. Gemüse und Brühe pürieren, Joghurt dazugeben, mit Salz und Pfeffer würzen. Mit Schnittlauch garnieren.

Soll die Suppe kalt gegessen werden, sie in den Kühlschrank stellen.

Des Meeres und der Liebe Wellen

»Wir haben in Frankreich die Erfahrung gemacht, daß diejenigen, die fast nur von Muscheln und Fischen leben, die ja nur gesammeltes Wasser sind, viel feuriger sind in der Liebe als die anderen. In der Tat, wir fühlen uns zur Liebe in der Fastenzeit mehr hingezogen als zu irgendeiner anderen Jahreszeit, denn in dieser Zeit ernähren wir uns nur von Fischen und Kräutern, also von Nahrungsmitteln, die viel Wasser enthalten.«

Nicolas Venette in ›Abhandlung von der Erzeugung des Menschen‹ (1762)

Gedünsteter Fisch mit Safran

500 g Fisch
(Hecht, Karpfen, Meeräsche oder Barsch)
1 EL Obstessig
2 EL Öl
1 Zwiebel
10 Blätter Basilikum

für die Marinade:
1 Zwiebel
2 Knoblauchzehen
1 g Safran
1 EL Fischsauce (Nuoc-mam)

für die Sauce:
1 Ingwerwurzel
1 Knoblauchzehe
Pfeffer
1 Peperoni
2 EL Fischsauce (Nuoc-mam)

Den Fisch waschen, schuppen und reinigen. Ihn unzerteilt oder in Scheiben von etwa 3 cm Dicke geschnitten mit Essig einreiben und salzen.

Für die Marinade die Zwiebel sehr fein schneiden, die zerdrückten Knoblauchzehen mit Safran und 1 EL Fischsauce über den Fisch geben. 2 Std. ziehen lassen.

In einer Pfanne Öl erhitzen, einige Zwiebelscheiben braun rösten. Mit ⅛ l Wasser ablöschen und den Fisch samt Marinade hinzugeben. Alles zum Kochen bringen und zugedeckt 30 Min. dünsten. 5 Min. vor dem Servieren einen Teil des feingeschnittenen Basilikums hinzufügen.

Für die Sauce den Ingwer schälen und in sehr dünne Scheiben schneiden, den Knoblauch zerdrücken. Pfeffer und zerhackte Peperoni hinzufügen, zusammen mit der verdünnten Fischsauce in die Saucenschüssel geben.

In die Mitte eines großen Tellers die Saucenschüssel stellen, an die eine Seite den Fisch mit dem Zwiebelmus, an die andere das restliche Basilikum legen.

Mit gekochtem Reis servieren.

Gedämpfte Wallersteaks

300 g Koteletts (Waller)
2 EL Zitronen- oder Limettensaft
weißer Pfeffer
gemahlener Koriander
150 ml Fischfond oder Brühe
2 EL eiskalte Butter

Fischkoteletts waschen, abtupfen und mit Zitronensaft beträufeln. Mit Salz, Pfeffer und Koriander würzen, auf einen gefetteten Dämpfeinsatz legen.

In einem Topf den Fischfond aufkochen, den Fisch einsetzen, den Deckel auflegen. 2 Min. dämpfen, die Koteletts wenden und erneut 3 Min. dämpfen. Herausheben und warm stellen.

Die Butter in kleine Stücke schneiden, mit einem Schneebesen nach und nach unter den Fischfond schlagen. Abschmecken, zum Fisch servieren.

Dazu passen gedämpfter oder gedünsteter Broccoli sowie Salzkartoffeln.

Gedämpfter Lachs auf Champagner-Sabayon

300 g Lachsfilet am Stück
2 EL Zitronensaft
weißer Pfeffer
150 ml Fischfond
2 Eigelb
1 TL Speisestärke
75 ml Champagner, Sekt oder Weißwein

Lachsfilet in zwei gleichmäßige Tranchen schneiden, sorgfältig entgräten. Mit Zitronensaft beträufeln, salzen und pfeffern. Auf einen gefetteten Dämpfeinsatz legen und mit gefettetem Pergamentpapier abdecken.

In einem Topf den Fischfond aufkochen, den Lachs einsetzen und den Topf zudecken. 1 Min. dämpfen, den Fisch wenden und weitere 3 Min. garen. Herausheben und warm stellen.

Die Eigelbe mit Stärke, Salz und Pfeffer in einer Schüssel verquirlen, über dem heißen Wasserbad nach und nach den Fischfond und den Champagner unterschlagen, bis eine dicklich-schaumige Sauce entsteht. Abschmecken und mit dem Lachs anrichten.

Dazu eine Langkorn-Wildreis-Mischung reichen.

Barsch auf Apfelsinensauce

300 g Barschfilets
1 Zitrone (Saft)
2 EL Mehl
50 g Butter
grober Pfeffer
1 Orange (Saft)

Die gewaschenen Filets mit Zitronensaft beträufeln. 50 Min. im Kühlschrank ziehen lassen.

Gut abtropfen lassen und in Mehl wenden. In der heißen Butter goldgelb braten. Salzen, großzügig pfeffern und den Orangensaft zugeben. Die Butter während der Bratzeit mehrmals über die Fischfilets gießen.

Als Beilage eignen sich Salzkartoffeln.

Garnelenspieß

10 rohe Garnelen
2 Knoblauchzehen
3 EL Olivenöl
schwarzer Pfeffer
Cayennepfeffer
1 TL feingerebelter Origano
½ ungespritzte Zitrone

Garnelen waschen. Die Schale an der Oberseite der Länge nach mit der Schere aufschneiden und den Darm entfernen.

Zerdrückten Knoblauch mit Öl, Salz und den Gewürzen verquirlen. Etwas abgeriebene Zitronenschale und Zitronensaft einrühren. Die Garnelen darin 3-4 Std. im Kühlschrank marinieren.

Die Garnelen auf Spieße reihen und 6 Min. grillen, zwischendurch wenden.

Knoblauchbrot dazu reichen.

Felchen mit Salbei und Kapern

2 mittelgroße Felchen oder Forellen
1 Zitrone (Saft)
2 EL Mehl
50 g Butter
4 Salbeiblätter
1 EL Kapern
50 ml Weißwein

Fische ausnehmen, waschen, trocknen, mit Salz bestreuen und mit Zitronensaft beträufeln. 1 Std. in den Kühlschrank stellen. Gut abtropfen lassen, mit Küchenpapier trocknen und leicht in Mehl wenden.

In einer Pfanne die Butter erhitzen und die Fische mit Salbei goldgelb braten; dabei die Pfanne ab und zu schütteln, damit die Fische nicht anhaften. Die Fische wenden, die Kapern darauf verteilen. Mit Zitronensaft beträufeln und den Wein zugeben. Die Fische mehrmals mit der Butter-Wein-Mischung begießen, vom Herd nehmen und 2 Min. zudecken, damit das Kapernaroma in das Fleisch eindringen kann. Sofort servieren.

Als Beilage Salzkartoffeln reichen.

Tintenfische mit Gemüse

½ Bund Petersilie
1 Knoblauchzehe
1 Stück Peperoncino
3 EL Olivenöl
100 ml Rotwein
2 große Tomaten
400 g frische oder tiefgekühlte Tintenfische
150 g Mangoldblätter (vorgekocht und ausgepreßt)
Zitronensaft

Petersilie hacken und zerdrückten Knoblauch darübergeben. Die Hälfte dieser Mischung mit dem Peperoncino in Öl dünsten. Mit Wein ablöschen. Die Tomaten schälen, mit einer Gabel zerdrücken und ebenfalls dazugeben.

Die Tintenfische ausnehmen, putzen und in Ringe schneiden. Ebenfalls in den Topf geben und 1 Std. kochen. 20 Min. vor Ende der Kochzeit den Mangold zufügen und salzen. Zum Schluß die restliche Petersilie-Knoblauch-Mischung zugeben. Mit Zitronensaft abschmecken.

Als Beilage eignet sich Polenta oder Brot.

Gefüllte Tintenfische

1 Semmel vom Vortag
100 ml Milch
300 g Calamari
½ ungespritzte Zitrone
80 g Mortadella
1 Knoblauchzehe
1 Ei
1 Eigelb
1 Bund Petersilie
Pfeffer
4 EL Olivenöl
100 g Tomaten
50 grüne kleine Erbsen
evtl. 3-4 EL Weißwein

Die Semmel in Stücke brechen und in Milch einweichen. Die Calamari von Tintensack und Augen befreien, waschen und mit Zitronenscheiben in Salzwasser 20 Min. kochen.

Die Fangarme abschneiden und kleinhacken. Die Mortadella ebenfalls hacken. Mit zerdrücktem Knoblauch, Ei, Eigelb, gehackter Petersilie und der ausgedrückten Semmel mischen. Salzen und pfeffern.

Die Tintenfische mit der Masse füllen und mit Küchenfaden zunähen. In eine eingeölte feuerfeste Form legen. Die kleingeschnittenen Tomaten und die Erbsen über die Calamari verteilen, leicht salzen und pfeffern, mit Öl beträufeln und im Backofen bei 180° C 20-30 Min. braten. Sollte kein Saft mehr vorhanden sein, etwas Wein zugießen.

Gedämpftes Fischfilet auf grüner Sauce

1 Sellerieknolle
1 Möhre
1 Stange Porree
⅛ l Doppelrahm-Frischkäse
1 EL gehackte Petersilie
1 TL Estragon
2 Schalotten
250 g Fischgräten und -köpfe (frisch oder gekocht)
400 g Filet (Felchen, Barsch oder Flunder)
Pfeffer
1 TL Pernod

Sellerie und Möhre schälen und in feine Streifen schneiden, den Porree kleinschneiden. Die Gemüse aufkochen. Den Frischkäse mit Petersilie, Estragon und einem Drittel der gehackten Schalotten pürieren.

Fischgräten und -köpfe, Gemüse, restliche gehackte Schalotten und Salz in einen Topf geben. 2 cm hoch mit Wasser füllen. Die Fischfilets in einen Lochaufsatz legen. Den Aufsatz mit den Fischen in den Topf stellen, zudecken und 2-3 Min. im Dampf garen.

3 EL Kochflüssigkeit in ein kleines Pfännchen geben und bei starker Hitze bis auf etwa 1 TL reduzieren. Kräuterrahm zufügen und einkochen, bis die Sauce sämig ist. Mit Salz und Pfeffer würzen und nach Belieben mit Pernod aromatisieren.

Die Filets auf vorgewärmten Tellern anrichten und die Sauce getrennt servieren.

Als Beilage eignen sich Salzkartoffeln.

Tagliatelle mit Lachs

300 g Lachsfilets oder -koteletts
1 Schalotte
Butter
200 ml Sahne
Pfeffer
300 g Tagliatelle

Lachsfilets häuten, entgräten und in grobe Würfel schneiden. Die Schalotte kleinschneiden, in Butter goldgelb dünsten, Sahne dazugießen. Salzen und pfeffern. Die Lachswürfel hinzugeben und bei mittlerer Hitze 4 Min. dünsten.

Die Nudeln bißfest kochen, auf zwei Tellern anrichten und mit der Lachssauce übergießen.

Saibling mit Weinsud

¼ l Weißwein
50 g Möhren, in feine Streifen geschnitten
1 Zwiebel
½ TL gehackter Thymian
Petersilie
1 Lorbeerblatt
½ TL Pfefferkörner
2 Saiblinge (etwa 400 g)

In einer Pfanne Wein, Möhren, die feingeschnittene Zwiebel, Thymian, etwas Petersilie, Lorbeerblatt, 1 TL Salz und Pfeffer 15 Min. kochen. Vom Herd nehmen und 3-4 Min. abkühlen lassen.

Den gewaschenen Fisch innen salzen, in den Sud legen und 5-7 Min. zugedeckt ziehen lassen. Den Fisch zerlegen und auf einen vorgewärmten Teller geben. Nach Belieben mit Fischsud begießen.

Salz- oder Dampfkartoffeln eignen sich als Beilage.

Von Vögeln

414 vor Christi Geburt erinnerte der griechische Dichter Aristophanes in seiner Komödie ›Die Vögel‹ an eine Episode der antiken Mythologie, derzufolge der Liebesgott Amor aus einem silbernen Ei schlüpfte und so das All in Bewegung setzte. Eier symbolisieren in allen Kulturen Fruchtbarkeit und Vitalität. Fasziniert stand man vor der Menge an Eiern, die ein Haushuhn legte, und beschämt sah man, wie potent die Hähne ihren Stall regierten. Geflügel setzten die Menschen oben auf Aphrodites Speisekarte.

Während der Renaissance war manchen Vögeln kein langes Leben beschieden. Schon Aristoteles hatte registriert, daß ein Sperling »in einer Stunde dreiundachtzig Mal koitiert«, entsprechend verbreitet waren allerlei Mischungen aus Spatzenhirnen und anderen aphrodisischen Zutaten. Besonders Frauen verspürten auf die Hoden und Kämme junger Gockel einen ungeheuren Heißhunger, so daß es in Frankreich zu Geflügelmassakern in besorgniserregendem Ausmaß kam. Die Körperteile landeten vorzugsweise in kunstvoll zubereiteten Pasteten, wie Pierre de Bourdeille, Sieur de Brântome (französischer Schriftsteller, 1540-1614), zu berichten wußte: »Von diesen fein gemischten Pasteten, kleinen Hähnen, Artischockenherzen, Trüffeln oder anderen erhitzenden Leckereien machen, wie ich hörte, manche Damen häufig Gebrauch; wenn sie davon essen oder darin herumfischen, langen sie mit der Gabel hinein, ziehen entweder eine Artischocke, eine Trüffel, eine Pistazie oder einen Hahnenkamm heraus und stecken ihn in den Mund; dazu sagen sie mit betrübter Miene: ›Niete!‹; erwischen sie aber ein artiges Hahnengeschlecht und bringen es unter die Zähne, so sagen sie jubelnd: ›Treffer!‹«

Entenbrust mit Blutorangenbutter

4 Blutorangen (ungespritzt)
1 TL Zucker
300 ml Entenjus oder Geflügelfond
30 ml Campari Bitter
100 g Butter
1 EL grüne Pfefferkörner
2 kleine Entenbrüste
weißer Pfeffer

Drei Blutorangen waschen, Schalen abreiben und Saft auspressen. 300 ml Saft mit der Schale, dem Zucker und dem Entenjus sirupartig einkochen. Campari hinzugeben, aufkochen und durch ein Sieb drücken. Mit einem Schneebesen Butter hineinschlagen, Pfefferkörner hineingeben und warm stellen.

Die vierte Blutorange gut waschen. Die Schale dünn abschälen, in feine Streifen schneiden und in Wasser weichkochen. Den Rest der Orange filetieren, also die Orangenschnitze von den Häuten befreien, ohne sie zu zerstückeln. Den Saft auffangen und die Orangenfilets darin erwärmen.

Die Entenbrüste pfeffern und salzen und die Haut gitterförmig einschneiden, ohne das Fleisch zu verletzen. Zuerst mit der Fettschicht nach unten in die Pfanne legen, damit das Fett austreten kann. Unter häufigem Wenden rosa braten. Vor dem Servieren etwa 5 Min. ruhenlassen, dann in schräge Streifen schneiden und mit Orangenbutter, -filets und -streifen garnieren.

Zuckererbsenschoten, Schupfnudeln und Kartoffelgratin sind schmackhafte Beilagen.

Hähnchen in Kokossauce

1 Hähnchen (etwa 1 kg)
½ l Kokosmilch
4 Knoblauchzehen
1 EL geröstete Erdnüsse
1 EL Kümmel
1 EL gemahlener Koriander
4 Pfefferkörner
1 TL abgeriebene Zitronenschale
1 EL Fischsauce (nam pla)
2 TL Chili
2 EL dunkle Sojasauce
1 EL Shrimps-Paste
1 TL Zucker

Das Hähnchen waschen, trockentupfen und in einen Topf geben. Die Kokosmilch dazugießen, leicht salzen und zugedeckt 70 Min. kochen.

Das Hähnchen herausnehmen, das Fleisch vom Knochen lösen und warm stellen. Die Kochflüssigkeit auf die Hälfte reduzieren.

Knoblauch, Erdnüsse, Kümmel, Koriander und Pfeffer mit dem Mixer zerkleinern. Die übrigen Zutaten unterrühren und in die kochende Brühe rühren. Sämig einkochen und mit Salz abschmecken. Das Hühnerfleisch anrichten, mit der Sauce übergießen.

Mit Safran-Reis servieren.

Hähnchenbrust in Limettensauce

2-3 Limetten
½ EL Zucker
¼ l Geflügelbouillon
150 ml Sahne
2 Hähnchenbrüste mit Haut und Knochen
weißer Pfeffer
2 EL Butter
Zitronenmelisse

Limetten waschen, etwa 1 TL Schale abreiben, die restlichen Schalen in schmale Streifen schneiden. Den Saft auspressen und mit der abgeriebenen Schale, Zucker und Bouillon sirupartig einkochen. Mit Sahne auffüllen und auf die Hälfte reduzieren. Die Streifen der Limettenschale in Wasser weichkochen. Kurz vor dem Anrichten in die Sauce geben.

Die Hähnchenbrüste pfeffern, salzen und in 1 EL Butter im vorgeheizten Backofen bei 250° C etwa 12 Min. braten, bis sie außen goldbraun und innen saftig sind; dabei häufig wenden. Abtropfen lassen, die Knochen bis auf die Flügelknochen entfernen, warm stellen.

Limettensauce in den Bratensatz passieren, nochmals aufkochen und abschäumen. Durch ein feines Sieb drücken, die restliche Butter einarbeiten, salzen und abschmecken.

Das Fleisch schräg in Streifen schneiden. Anrichten, mit der Limettensauce umgießen und mit der Zitronenmelisse garnieren.

Als Beilage eignen sich Nudeln.

Spanisches Safranhähnchen

1 Hähnchen (1 kg)
weißer Pfeffer
2 EL Olivenöl
100 g Rohschinken (Serrano oder Parma)
1 Knoblauchzehe
½ g Safranfäden
1 Stengel Petersilie
1 EL Mehl
100 ml Weißwein
400 ml Geflügelbouillon
geriebene Muskatnuß
200 g Erbsen
2 hartgekochte Eier
2 Toastscheiben
½ EL Butter

Das Hähnchen waschen und vierteln, die Keulen halbieren. Mit Salz und Pfeffer würzen und in Öl anbraten.

Den Schinken in feine Streifen schneiden, hinzufügen und 1-2 Min. mitdünsten. Zerdrückten Knoblauch, Safran und Petersilie dazugeben. Mit Mehl bestäuben und anziehen lassen. Mit Wein und Bouillon auffüllen, zudecken und bei mittlerer Hitze gar schmoren.

Die Hähnchenteile aus der Sauce nehmen und warm stellen. Die Sauce um die Hälfte einkochen und mit Muskat abschmecken.

Inzwischen die Erbsen in Salzwasser blanchieren, kalt abschrecken und abtropfen lassen. Die Eier halbieren, die Eigelbe durch ein Sieb streichen und unter die Sauce mischen. Die Sauce passieren, die Erbsen hinzugeben und in der Sauce erwärmen, dann über die Hähnchenteile gießen.

Die Brotscheiben in Dreiecke schneiden, buttern und rösten, das Eiweiß hacken. Das Safranhähnchen mit dem Eiweiß bestreuen und mit dem Brot garnieren.

Sehr heiß servieren. Als Beilage empfiehlt sich Reis.

Hähnchenschenkel in Kurkumasauce

2 große Hähnchenschenkel (je 250 g)
weißer Pfeffer
1 EL Mehl
Butter
1 mittelgroße Banane
1 TL gehackte Pistazien

für die Sauce:
1 EL feingehackte Zwiebeln
½ kleiner säuerlicher Apfel
½ TL edelsüßer Paprika
1 TL Kurkumapulver
5 EL weißer Portwein
300 ml Geflügeljus
200 ml Geflügelbouillon
1 TL Mehlbutter (weiche Butter mit Mehl verkneten)
200 ml Sahne
1 TL Honig
1 EL Mango-Chutney

Hähnchenschenkel waschen, trockentupfen und so zusammenbinden, daß der Unterschenkel am Oberschenkel liegt. Salzen, pfeffern und im Mehl wenden. In Butter goldbraun anbraten, herausnehmen und abtropfen lassen. Die Butter aus der Pfanne gießen.

Für die Sauce frische Butter hineingeben und die Zwiebeln goldgelb anbraten. Den Apfel schälen, entkernen, kleinschneiden und zu den Zwiebeln geben. Kurz anbraten, vom Herd nehmen und mit Paprika und Kurkuma bestäuben. Gut durchrühren. Mit dem Portwein ablöschen, Jus und die Bouillon aufgießen. Aufkochen, die Schenkel hinzugeben und garen.

Die gegarten Schenkel herausnehmen, warm stellen und 10 Min. ruhenlassen.

Die Sauce zum Kochen bringen, sorgfältig entfetten und einkochen. Die Mehlbutter in kleinen Flöckchen unterrühren, um die Sauce zu binden, die Sahne zugeben und reduzieren, bis die Sauce sämig ist. Mit

Honig, Salz und Pfeffer abschmecken und passieren. Das gehackte Chutney und die Schenkel (ohne Schnur) in die Sauce legen, nochmals aufkochen.

Die Banane schälen, längs in Scheiben schneiden und in Butter anbraten. Die Schenkel mit der Sauce auf vorgewärmten Tellern anrichten, mit den Bananenscheiben garnieren, die Pistazien darüberstreuen.

Dazu Butterreis servieren.

Crêpes mit Geflügel

für den Teig:
50 g Weißmehl
⅛ l Milch
2 Eier
Zucker
Butter

für die Füllung:
150 g Geflügelgeschnetzeltes
80 g feingeschnittene Geflügelleber
Pfeffer
4 EL Madeira
100 ml Geflügelfond
100 ml Sahne
1 TL feingehackter Majoran und Thymian
1 EL gehackte Petersilie

Für den Teig das Mehl in eine Schüssel geben und mit der Milch glattrühren. Die Eier, je eine Prise Salz und Zucker sowie 1 EL zerlassene Butter unterarbeiten. Kräftig durchschlagen. 1-2 Std. im Kühlschrank ruhenlassen. Dann in kleinen, ausgebutterten Pfännchen vier Crêpes ausbacken, übereinanderlegen und warm stellen.

Für die Füllung in einer Pfanne Butter erhitzen. Geschnetzeltes und Leber salzen, pfeffern und rasch anbraten. Herausnehmen und warm stellen. Die übrige Butter aus der Pfanne gießen, mit Madeira ablöschen und den Fond dazugießen. Bis zur Dickflüssigkeit reduzieren. Die Sahne zufügen und kochen, bis die Sauce sämig wird. Mit den Kräutern abschmecken, das Geschnetzelte und die Leber wieder in die Pfanne geben.

Die Crêpes auslegen, die Füllung darauf verteilen und zusammenrollen. In ein ausgebuttertes feuerfestes Gefäß legen, im Backofen erwärmen und sofort servieren.

Fleischeslust

Für Thomas von Aquin galt das Verlangen nach Fleisch als Todsünde der Völlerei und der Wollust. Dementsprechend verbannten viele Gottesdiener das Fleisch aus ihren Küchen. Schlemmer hingegen wollten auf die Fleischeslust nicht verzichten. Auf ihren Speisekarten fanden sich neben dem Fleisch von Lämmern, Kälbern und gemästeten Hausschweinen das geröstete oder gesottene Knochenmark der Tiere und, natürlich, deren Geschlechtsteile, von denen man sich Wunderdinge versprach: »Sehr große Wirksamkeit hat das Geschlecht des Stiers (besonders des Stiers in der Brunst). Denn wenn man es getrocknet, pulverisiert und in einem Ei gelöst zu trinken gibt, wirkt es auf wunderbare Weise.«

Marinello, italienischer Arzt der Renaissance

Hammelkoteletts mit Cognac

6 daumendicke Hammelkoteletts
6 Sardellenfilets
6 Streifen magerer Speck
Butter
4 mittelgroße Zwiebeln
2 Knoblauchzehen
½ Bund Petersilie
1 Lorbeerblatt
Basilikum
3-4 Gewürznelken
12 Korianderkörner
2 EL guter Cognac
2 EL Brühe
Pfeffer

Koteletts mit Sardellenfilets und Speck spicken. In einem Topf Butter anschmelzen, die kleingewürfelten Zwiebeln glasig dünsten und die Koteletts anbraten. Zerdrückten Knoblauch, gehackte Petersilie, Lorbeerblatt, etwas Basilikum, Nelken und Koriander hinzugeben und mit Cognac und Brühe ablöschen. Salzen und pfeffern, 20 Min. köcheln.

Die Koteletts anrichten, die Sauce darüberseihen und mit Reis servieren.

Zitronenschnitzel mit Frühlingsgemüse

8 kleine junge Artischocken
½ Zitrone (Saft)
1 Bund Frühlingszwiebeln
4 dünne Kalbsschnitzel
Pfeffer
1 EL Olivenöl
Butter

Die Artischocken waschen, die Herzen herauslösen und sofort mit Zitronensaft einreiben. In kochendem Salzwasser 15 Min. garen. Geputzte Frühlingszwiebeln in etwas Salzwasser 4 Min. dünsten und abtropfen lassen.

Die Schnitzel leicht klopfen, salzen und pfeffern. Öl sowie etwas Butter in der Pfanne aufschäumen und die Schnitzel von jeder Seite gut 1 Min. anbraten. Etwas Butter und Zitronensaft hinzugeben, die Hitze erhöhen, die Schnitzel nochmals wenden.

Auf vorgewärmte Teller legen und mit dem Gemüse garnieren.

Gefüllte Schweineröllchen

4 kleine, dünne Schweineschnitzel (je 60 g)
Pfeffer
1 Knoblauchzehe
100 g frischer Spinat
150 g Champignons
1 Zwiebel
50 g Butter
geriebene Muskatnuß
150 g rohes Bratwurstbrät
⅛ l Weißwein
⅛ l Sahne
1 EL feingehackte Petersilie

Holzspießchen

Schnitzel kalt waschen und trockentupfen. Salzen, pfeffern und mit zerdrücktem Knoblauch einreiben. Den Spinat in kochendem Salzwasser etwa 1 Min. blanchieren, abschrecken und gut ausdrücken. Die Champignons säubern und in Scheiben schneiden.

Die Zwiebel in feine Würfel schneiden und in etwas Butter glasig dünsten. Den Spinat dazugeben und 3 Min. dämpfen. Mit Pfeffer, Salz und Muskat würzen. Den Spinat gleichmäßig auf die Schnitzel verteilen, das Bratwurstbrät auf den Spinat streichen. Die Schnitzel zusammenrollen und mit Holzspießchen feststecken. Salzen und pfeffern.

Die restliche Butter erhitzen und die Schweineröllchen von allen Seiten anbraten. Die Champignons dazugeben, andünsten und mit Wein ablöschen. Mit Sahne aufgießen und bei schwacher Hitze 20 Min. köcheln.

Die Röllchen aus der Pfanne nehmen, Holzspießchen entfernen und warm stellen.

Die Sauce cremig einkochen, mit Salz und Pfeffer abschmecken, die Petersilie unterrühren. Die Röllchen mit der Sauce servieren, dazu Reis oder Nudeln reichen.

Schweineschnitzel mit Pfirsichen

2 magere Schweineschnitzel oder 4 Schweinefilets
Pfeffer
Thymian
2 Pfirsichhälften (frisch oder aus der Dose)
¼ l Marsala oder Weißwein
Butter
1 EL gehackte Schalotten
2 TL Johannisbeergelee
2 EL Fleischfond oder Brühe
Cayennepfeffer
1 EL grüner Pfeffer

Das Fleisch mit Pfeffer und Thymian würzen. Die Pfirsiche in Schnitze schneiden und in Marsala legen.

Das Fleisch in Butter goldgelb anbraten und salzen, etwas Bratenfett abgießen. Die Schalotten hinzugeben, kurz andünsten und mit der Hälfte des Marsalas ablöschen. 20 Min. schmoren.

Das Fleisch aus der Pfanne nehmen und warm stellen. Den Bratenfond sieben und mit dem restlichen Marsala ablöschen. Bei starker Hitze auf die Hälfte reduzieren. Johannisbeergelee und Fleischfond zugeben, kurz aufkochen und mit zwei Prisen Cayennepfeffer abschmecken. Kurz vor dem Servieren grünen Pfeffer zugeben, zuletzt einige Butterflöckchen mit dem Schneebesen unter die Sauce schlagen.

Die Pfirsichschnitze im Marsala aufwärmen, dekorativ auf dem Fleisch anordnen, die Sauce darüber verteilen.

Als Beilage eignet sich Reis.

Entrecôtes in Rotweinsauce

2 Schalotten oder 1 Zwiebel
Butter
⅛ l Bouillon
2 große Markknochen
¼ l roter Bordeaux
2 Entrecôtes (je 150 g)
1 EL Öl
3 EL klarer Bratenfond
Pfeffer
Petersilie

Eine Schalotte fein hacken und in 2 EL Butter unter ständigem Wenden 5 Min. dünsten, beiseite stellen. Die Bouillon aufkochen, Markknochen hineingeben und kurz ziehen lassen. In der Brühe warmhalten – das Mark soll rosa bleiben.

Die andere Schalotte mit 200 ml Wein in eine kleine Pfanne geben und bis zur Hälfte einkochen. Die leicht eingeölten Entrecôtes grillieren oder braten, so daß sie – je nach Wunsch – innen noch blutig oder à point sind.

Die Rotweinreduktion mit dem restlichen Wein und dem Bratenfond aufkochen. Wiederum auf die Hälfte reduzieren.

Das Fleisch mit Salz und Pfeffer würzen, auf einer vorgewärmten Platte anrichten, die gedünstete Schalotte und das kleingeschnittene Mark darauf verteilen. Würzen, die Sauce vom Herd nehmen, kurz abkühlen lassen. Butterflöckchen mit dem Schneebesen darunterschlagen, bis die Sauce leicht sämig wird. Salzen und pfeffern, über das angerichtete Fleisch geben und mit Petersilie bestreuen.

Zu den Entrecôtes schmecken Gemüse, Trockenreis und Baguette.

Gefüllte Filetsteaks mit Birne

1 reife Birne (Williams oder Luise)
⅛ l Rotwein
2 Filetsteaks (je 200 g)
50 g Roquefort
2 EL Butterschmalz
schwarzer Pfeffer
einige Minzeblättchen

Holzspießchen

Die Birne schälen, halbieren, entkernen und kurz in Wein dünsten. Abtropfen lassen und beiseite stellen.

Die Steaks kalt waschen und trockentupfen, jeweils eine Tasche einschneiden. Den Käse entrinden, in mittelgroße Stücke schneiden und in die Taschen füllen. Mit den Holzspießchen zustecken und in Schmalz von beiden Seiten 2-3 Min. braten, rundherum pfeffern. Aus der Pfanne nehmen, salzen, auf eine vorgewärmte Platte legen. Mit Alufolie zudecken und warm stellen.

Die Birnenhälften quer in Scheiben schneiden, dabei nicht durchtrennen. Jede Hälfte so auf einen vorgewärmten Teller legen, daß ein Fächer entsteht. Mit der Minze garnieren.

Zusammen mit den Steaks servieren, dazu Weißbrot oder Kartoffelkroketten reichen.

Saltimbocca

2-4 dünne Kalbsschnitzel (400 g)
Pfeffer
4 Scheiben Parmaschinken
4 Salbeiblätter
2 EL Butter
1 Messerspitze Fleischextrakt

Holzspießchen

Schnitzel waschen, trockentupfen und pfeffern. Jeweils mit einer Schinkentranche und einem Salbeiblatt belegen, alles mit einem Zahnstocher feststecken. In Butter beidseitig anbraten und warm stellen.

Den Bratensatz mit ½ Glas Wasser aufkochen, nach Belieben Fleischextrakt zugeben und einkochen. Mit Salz abschmecken.

Die Sauce über dem Saltimbocca verteilen und zu Kartoffelpüree, Risotto oder gedämpftem Gemüse reichen.

Kalbsbraten mit Kräutersauce für heiße Tage

500 g Kalbfleisch
2 EL Butter
Pfeffer
4 EL Öl
1 EL Essig
2 hartgekochte Eier
4 EL gehackte frische Kräuter
(Petersilie, Salbei, Minze, Schnittlauch)

Das Fleisch in Butter von allen Seiten gut anbraten, mit Salz und Pfeffer würzen und unter ständigem Begießen 45 Min. braten.

Herausnehmen und kurz ruhenlassen. In dünne Scheiben tranchieren; dabei nicht ganz durchschneiden, da der Braten nicht auseinanderfallen soll.

Öl, Essig, gehackte Eier und Kräuter mit Salz und Pfeffer zu einer rasanten Sauce vermengen. Die Sauce mehrmals über den Braten gießen, damit sie in die Zwischenräume eindringen kann.

Am Tisch fertig aufschneiden und lauwarm mit Brot servieren.

Rinderbraten

50 g Schinkenspeck
500 g Rinderfilet
2 EL Butter
Pfeffer
1 Möhre
1 Zwiebel
1 Lorbeerblatt
1 Gewürznelke
1 Sellerieknolle
150 ml Weißwein
2 EL Sahne
½ TL Speisestärke (nach Belieben)

Speck in 3 mm breite Streifen schneiden; kleine, etwa 3 cm lange Stücke abschneiden und das gehäutete Filet ringsum damit spicken. Das Filet in Butter rundherum rasch anbraten, salzen und pfeffern. Die halbierte Möhre, die mit Lorbeerblatt und Nelke gespickte Zwiebel und den Sellerie dazugeben und mit Wein ablöschen. Im Backofen bei 200° C 20 Min. braten; dabei das Fleisch häufig mit Bratensaft begießen – es sollte innen rosa bleiben.

Anschließend das Fleisch auf einer heißen Platte anrichten. Den Bratenfond mit etwas Wasser stark aufkochen. Zum Binden der Sauce Sahne mit Stärke verrühren und zugeben.

Über den Braten gießen und mit gedämpftem jungen Gemüse und kleinen, gebratenen Kartöffelchen servieren.

Gegrillte Spareribs

1 kg Spareribs
4 EL Sojasauce
4 EL Öl
2 EL Tomatenketchup
Pfeffer
3 EL Aprikosenmarmelade
1 walnußgroßes Stück Ingwer
1 Knoblauchzehe

Spareribs waschen, trockentupfen und eventuell in Portionsstücke schneiden. Sojasauce, Öl, Ketchup, Pfeffer und Marmelade verrühren. Den geschälten Ingwer sehr klein hacken und mit dem zerdrückten Knoblauch unter die Marinade mischen.

Die Spareribs gründlich damit einpinseln und mindestens 2 Std. in den Kühlschrank stellen.

Abtropfen lassen und im vorgeheizten Backofen oder Grill 20-30 Min. grillen; dabei mehrfach wenden und mit der Marinade bestreichen.

Chili con carne

am Vortag beginnen

100 g weiße oder rote Bohnen
150 g Rindfleisch (Schulter oder Hüfte)
1 Zwiebel
2 Knoblauchzehen
1 EL Olivenöl
1 kleine Dose geschälte Tomaten
1 Möhre
1 Sellerieknolle
1 grüne Paprikaschote
150 g Rinderhackfleisch
⅛ l Rotwein
200 ml Fleischbrühe
½ TL gehackter Thymian
½ TL Chilipulver oder 1-2 Chilischoten
2 EL Tomatenmark
schwarzer Pfeffer

Die Bohnen mehrere Stunden einweichen. Das Rindfleisch in kleine Würfel schneiden. Zwiebel und Knoblauch fein würfeln und mit etwas Öl in einem Topf vorsichtig goldgelb anbraten. Die Fleischwürfel zugeben und rundherum anbraten. Die Tomaten mit Saft dazugießen und bei schwacher Hitze zugedeckt 15 Min. köcheln.

Möhre und Sellerie schälen und in kleine Würfel schneiden, die Paprika entkernen und kleinschneiden.

Das Hackfleisch in den Topf geben und unterrühren. Nun das Gemüse mit den eingeweichten Bohnen zugeben. Mit Wein und Fleischbrühe aufgießen, mit Thymian und Chili würzen, das Tomatenmark einrühren.

Bei schwacher Hitze 1 Std. garen, bis die Bohnen weich sind, dabei öfter umrühren. Falls der Chili zu flüssig ist, die letzten 15 Min. ohne Deckel köcheln.

Vor dem Servieren salzen und pfeffern, eventuell mit Chili abrunden. Dazu gibt es Weißbrot.

Fleisch-Curry

500 g Lammschulter (ohne Knochen)
1 Zwiebel
2 Knoblauchzehen
40 g Butter
1 TL Chilipulver oder 1 Chilischote
2 TL Pfeffer
1 TL gemahlener Kreuzkümmel
2 TL gemahlener Koriander
1 TL Kurkuma
2 reife kleine Tomaten
1 Zitrone (Saft)
300 ml Fleischbrühe
2 TL Garam Masala (indische Würzmischung)

Das Fleisch waschen, trockentupfen, von Sehnen sowie Fett befreien und in Würfel von 2,5 cm Größe schneiden. Zwiebel und Knoblauch fein würfeln und in einer großen Pfanne mit Butter anbraten. Chili, Pfeffer, Kreuzkümmel, Koriander und Kurkuma hinzugeben. Die Tomaten vierteln und dazugeben. Sobald sie gar sind, die Fleischwürfel hinzufügen, mit Zitronensaft beträufeln und salzen. Die Brühe erhitzen und zum Fleisch geben. Bei schwacher Hitze etwa 45 Min. köcheln, dabei häufig umrühren. Zuletzt das Garam Masala hinzugeben, salzen und weitere 10 Min. köcheln.

Mit Reis servieren.

Wild macht wild

Für schwere Fälle empfahl die Zauberschülerin Caterina da Forlì in ihrem geheimen Rezeptbuch: »Man nehme die Hoden vom Hirsch oder die Spitze der Lunte vom Fuchs und die Hoden vom Glied, das entflammt die Begierde der Frau. Auch wenn die Rute des Mannes mit Galle vom Eber und vom Wildschwein eingerieben wird, erregt dies sogleich bei den Frauen die ergötzliche Lüsternheit.«

Hasenrücken mit Calvados

am Vortag beginnen

1 Hasenrücken (500 g)
⅛ l Weißwein
½ Zwiebel
1 Lorbeerblatt
½ TL Origano
schwarzer Pfeffer
1 EL Butter
geriebene Muskatnuß
3 EL Calvados
4 EL Apfelwein
⅛ l Wildfond
50 ml Sahne
Cayennepfeffer

Filets aus der Innenseite des Hasenrückens vorsichtig herauslösen. Weißwein, grobgeschnittene Zwiebel, Lorbeerblatt, Origano und ¼ TL Pfeffer aufkochen. Rücken und Filets in eine Schüssel legen, mit der Beize übergießen und 12 Std. im Kühlschrank marinieren.

Rücken und Filets abtropfen lassen, trockentupfen und in Butter goldgelb anbraten. Die Filets aus der Pfanne nehmen. Den Hasenrücken mit Salz, Pfeffer und Muskat bestreuen, zudecken und 15 Min. bei schwacher Hitze weiterbraten. Mit Calvados begießen und flambieren. Warm stellen.

Apfelwein und Wildfond zum Bratenfond gießen, Sahne und eine Prise Cayennepfeffer zugeben.

Fleisch und Sauce getrennt servieren.

Wildschwein mit Perlzwiebeln

500 g Wildschweinkeule ohne Knochen
Pfeffer
5 EL Öl
2 Zwiebeln
3 EL Tomatenmark
300 ml Rotwein
100 ml Wildfond
8 Wacholderbeeren
15 Perlzwiebeln
4 Scheiben durchwachsener Speck

Die Keule kalt waschen, trockentupfen und in 3 cm große Würfel schneiden. Salzen und pfeffern. Öl erhitzen und das Fleisch von allen Seiten anbraten. Kleingewürfelte Zwiebeln dazugeben und glasig dünsten. Tomatenmark unterrühren, Wein und Wildfond angießen und die zerdrückten Wacholderbeeren zugeben. 45 Min. schmoren.

In den letzten 10 Min. die Perlzwiebeln mitköcheln. Mit Salz und Pfeffer abschmecken. Den Speck in feine Streifen schneiden, in einer Pfanne knusprig braten und über das Ragout geben.

Zu Wildschwein schmecken Semmelknödel und Rotkraut.

Rehschnitzel mit Sellerie

4 Rehschnitzel
¼ TL Majoran
Pfeffer
5 Kartoffeln
150 g Sellerieknolle
2 EL Zitronensaft
2 EL Butter
1 festkochender Apfel
⅛ l Weißwein
1 EL Cognac
100 ml Wildfond
150 ml Sahne
2 EL Preiselbeeren

Schnitzel kalt waschen, trockentupfen, von beiden Seiten mit Majoran bestreuen und pfeffern. 15 Min. ruhenlassen.

Die Kartoffeln schälen, in Stücke schneiden und in Salzwasser gar kochen. Den Sellerie nach dem Schälen sofort mit 1 EL Zitronensaft beträufeln, in kleine Würfel schneiden und in leicht gesalzenem Wasser 10 Min. weichkochen. Abgießen, dabei den Sud auffangen. Sellerie in 1 EL Butter 3-4 Min. dämpfen, bis alle Flüssigkeit verdampft ist. Gare Kartoffelstücke und Selleriewürfel passieren.

Den Apfel schälen, halbieren und in 100 ml Wasser, 100 ml Wein und dem restlichen Zitronensaft 5-10 Min. fast weichkochen.

Rehschnitzel in Butter goldgelb anbraten, leicht salzen, auf eine vorgewärmte Platte legen und warm stellen. Den Bratenfond mit Cognac und dem restlichem Wein lösen, Wildfond dazugießen und aufkochen. Mit 100 ml Sahne verfeinern und 1 EL Preiselbeeren darunterziehen. Die restliche Sahne mit 1 EL Selleriesud in ein Pfännchen geben, aufkochen und das Sellerie-Apfel-Püree untermengen. Unter Rühren erwärmen, salzen und ½ EL Butter zugeben.

Die Apfelhälften mit Preiselbeeren füllen. Die Schnitzel mit Sauce überziehen, mit Selleriepüree und Apfelhälfte garnieren.

Rehrücken mit Feigen und Trauben

500 g Rehrücken
schwarzer Pfeffer
edelsüßer Paprika
Butter
3 EL Wildfond
3 EL Rotwein
4 frische Feigen
je 100 g weiße und rote Trauben

Den Rehrücken waschen, trockentupfen und mit Salz, Pfeffer und Paprika würzen. In einen Bräter mit heißer Butter geben. Den Bräter in den Backofen schieben und 16-20 Min. braten.

Inzwischen in einer Pfanne den Wildfond erhitzen. Wein zugießen, gut vermischen und dickflüssig einkochen. Vom Herd nehmen, kurz abkühlen lassen und 100 g Butter flöckchenweise mit dem Schneebesen unterschlagen. Abschmecken.

Die Feigen halbieren und mit den Trauben in etwas Butter erwärmen.

Den Rehrücken aus dem Bräter heben, das Fleisch beidseitig längs des Knochens herauslösen und in 1,5-2 cm große Tranchen schneiden. Den Fond im Bräter mit etwas Wasser lösen, durch ein Sieb zur Sauce geben.

Auf vorgewärmten Tellern anrichten und mit heißen Feigen und Trauben garnieren. Die Sauce getrennt mit Spätzle servieren.

Hirschrückensteaks

400 g Hirschrückensteaks
4 Scheiben dünner durchwachsener Räucherspeck
2 EL Öl
1 EL Wildkräutermischung

Holzspießchen

Das Fleisch von den Sehnen befreien, in etwa 3-4 cm dicke Tournedos schneiden. Die Speckscheiben um die Seiten wickeln und mit einem Holzspießchen feststecken. Von beiden Seiten mit etwas Öl bepinseln, in den Kräutern wenden und zugedeckt 1 Std. in den Kühlschrank stellen.

In einer Pfanne Öl erhitzen, die Fleischstücke beidseitig 2 Min. scharf anbraten. Die Hitze reduzieren und weitere 5 Min. braten. Sofort servieren.

Zu den Steaks passen Spätzle, Nudeln oder Kartoffelplätzchen und Pilzgemüse.

Rehschnitzel an Rahmsauce

4 kleine Rehschnitzel
Mehl
1 EL Butter
Pfeffer
100 g Pilze
½ l guter Rotwein
100 ml Sahne

Schnitzel waschen, trockentupfen und in etwas Mehl wenden. In heißer Butter rasch anbraten, pfeffern und salzen. Herausnehmen und warm stellen.

Im Bratenfond die Pilze andünsten und mit dem Wein ablöschen. 5 Min. köcheln, eventuell nachwürzen und die Sahne dazugeben. Erhitzen und über die Schnitzel gießen.

Mit Kartoffelpüree oder Kroketten und Rotkraut servieren.

Im Schatten der Nacht

»Das Schlimmste ist, wenn es manche Früchte gibt, die erfrischen können, so gibt es eine schwere Menge anderer, die ebenso erhitzen; zu diesen greifen die Frauen am öftesten, wie zu verschiedenen Kräutern, die in Blüte stehen und zu ihren Suppen und Salaten gut schmecken, als: Spargeln, Artischocken, Morcheln, Trüffeln, Rüßlingen und Herrenpilzen, ferner die neuen Speisen, die ihre Köche auf ihren Befehl sehr gut herzurichten und lecker und gut zuzubereiten wissen und die ihnen auch die Ärzte tüchtig verordnen ... Nach diesen guten Speisen nehmt euch in acht, ihr armen Liebhaber und Ehemänner! Seht ihr euch nicht vor, so ist es um eure Ehre geschehen, und ihr werdet vertauscht und betrogen.«

Pierre de Bourdeille, Sieur de Brântome, französischer Schriftsteller (1540-1614)

Als aphrodisisches Gewürz nimmt die Muskatnuß in allen Kulturen eine Sonderstellung ein. Der italienische Arzt P. A. Matthiolus riet, Muskatöl auf den Penis zu reiben, um den »Venushandel« zu bestehen. Und auch die deutsche Volksmedizin hielt für am Liebesglück verzweifelnde Mädchen eine Rezeptur parat: Sie sollten Muskatnüsse unzerteilt hinunterschlucken. Werden sie unverdaut wieder ausgeschieden, galt es, sie mit dem Mörser zu pulverisieren. Das Pulver mußte einem Kuchen beigemengt werden, den das Mädchen dann ihrem Geliebten zu essen geben sollte.

Spinatgnocchi mit Ricotta

Butter
400 g Blattspinat
150 g Ricotta
2 Eier
Mehl
100 g geriebener Parmesan oder Pecorino
geriebene Muskatnuß
Pfeffer

In einer Pfanne 2 EL Butter erhitzen und den Spinat bei schwacher Hitze dünsten, bis die Flüssigkeit verdampft ist. Gut ausdrücken. Den Ricotta zugeben. Die Eier verrühren, mit 80 g Mehl und einem Viertel des Käses zum Spinat geben und gut verrühren. Mit Muskat, Salz und Pfeffer abschmecken und etwa 30 Min. kühl stellen.

Reichlich Wasser mit Salz zum Kochen bringen. Aus der Masse mit bemehlten Händen kleine Bällchen formen. Die Bällchen in das leicht siedende Wasser geben und 5-8 Min. ziehen lassen, bis sie sich fest anfühlen. Am besten ein Probe-Gnocchi vorkochen: Sollte der Teig nicht richtig fest werden, noch etwas Mehl untermengen.

Mit dem Schaumlöffel herausheben, gut abtropfen lassen. 2 EL flüssige Butter in eine feuerfeste Form geben, Gnocchi hineingeben und mit dem restlichen Käse bestreuen. Zum Schluß mit Butterflöckchen belegen und im Ofen bei 200° C backen, bis der Käse geschmolzen ist.

»Frauen, die Kartoffeln hassen, sind kühl, berechnend und wandelnde Eisschränke. Kartoffelliebhaberinnen hingegen schenken dem Partner Stunden anregendsten Liebesgenusses und Wonnen, die sich in Worten nicht schildern lassen.« Kiichi Kurijama

Gnocchi mit Salbeibutter

500 g mehligkochende Kartoffeln
1 Ei
80-150 g Mehl
100 g geriebener Parmesan oder Pecorino

für die Sauce:
80 g Butter
12 Salbeiblätter
Pfeffer

Kartoffeln in der Schale kochen, noch warm schälen und pürieren. Sobald sie etwas abgekühlt sind, mit dem Ei, einer Prise Salz und dem Mehl verkneten, bis der Teig nicht mehr an den Händen klebt – immer soviel Mehl verwenden, wie die Kartoffeln aufsaugen. Zu fingerdicken Strängen rollen und in 2-3 cm lange Stücke schneiden. Die Stücke einzeln quer auf eine Gabel legen, eindrücken und etwas einrollen – durch die Vertiefung haftet später die Sauce besser. Die Gnocchi in reichlich kochendes Salzwasser geben und mit dem Schaumlöffel herausheben, sobald sie an der Oberfläche schwimmen. Gut abtropfen lassen und auf einer Platte servieren.

Für die Sauce Butter erwärmen, die kleingeschnittenen Salbeiblätter kurz andünsten, salzen und pfeffern. Über die Gnocchi geben und mit dem Käse bestreuen.

Variante: Statt der Salbeibutter eignet sich auch Pesto, frisches Basilikum mit Butter und etwas Knoblauch oder eine einfache Tomatensauce.

Nicht nur der hohe Vitamin- und Nährstoffgehalt der Pilze sicherte diesen Gewächsen ihre Bedeutung in aphrodisischen Mixturen. Auch daß sie über Nacht aus dem Boden schießen, galt als Zeichen ihrer Kraft. Von Feinschmeckern und Kennern wird die Trüffel besonders begehrt.

Papardelle mit schwarzen Trüffeln

1-2 schwarze Trüffeln (frisch oder aus der Dose)
75 g Butter
schwarzer Pfeffer
50 ml trockener Weißwein
100 g Sahne
300 g Papardelle (breite Bandnudeln)

Trüffeln säubern und sofort abtrocknen, schälen und in dünne Streifen schneiden. In aufgeschäumter Butter einige Minuten bei schwacher Hitze anschwitzen, salzen und pfeffern. Die Trüffeln herausheben, Wein und Sahne in die Pfanne geben, sämig einkochen.

Inzwischen die Nudeln bißfest kochen. Die Trüffeln wieder unter die Sahnesauce mengen, würzen. Reichlich auf die Nudeln geben und sofort servieren.

Ideal für heiße Sommer: der lauwarm servierte Auflauf aus Tomaten und Auberginen. Das violette Gemüse genießt wie alle Nachtschattengewächse den Ruf, Aphrodites Künsten zu dienen.

Parmigiana di Melanzane

2 große feste Auberginen (keine schmalen, länglichen)
½ Zwiebel
1 Dose Pelati (schlauchförmige Tomaten)
1 Bund Basilikum (15 Blätter)
Olivenöl zum Ausbacken
2 Kugeln Mozzarella
2 Eier
6 EL geriebener Parmesan oder Pecorino

Auberginen in 1 cm dicke Scheiben schneiden. Mit Salz einreiben und auf einem Teller wieder aufeinanderstapeln. Abdecken, mit einem Gewicht beschweren und 1-2 Std. einwirken lassen – das Salz entzieht der Aubergine die Bitterstoffe.

In der Zwischenzeit für die Tomatensauce, die ohne Fett zubereitet wird, die Zwiebel kleinschneiden. Die Tomaten in einem Topf erhitzen, einige Basilikumblätter und die Zwiebelstücke zugeben. Häufig umrühren. Kochen, bis die Sauce eindickt, zum Schluß salzen.

Die Auberginenscheiben abwaschen und trockentupfen. In heißem Öl beidseitig goldgelb anbraten. Aus der Pfanne nehmen und auf saugfähiges Küchenpapier schichten.

Restliches Basilikum und Mozzarella kleinschneiden. Die Eier mit etwas Salz und 8 EL Tomatensauce verrühren.

Die Auberginenscheiben in eine feuerfeste Form legen. Mit Parmesan und etwas Basilikum bestreuen. Dann 2-3 EL Eiersauce darüber verteilen. 1-2 EL Tomatensauce dazugeben. Ein Teil der Mozzarella-Würfelchen darüberstreuen. Wieder folgt eine Schicht Auberginen, Parmesan, Sauce, Basilikum und Mozzarella. Mit der dritten und letzten Schicht ebenso verfahren. Sollte das Gemüse nicht ausreichend bedeckt sein, die verbliebene Tomatensauce darüber verteilen. Zuletzt mit Parmesan bestreuen und im Ofen bei 180° C 45 Min. backen.

Wer viel Spargel ißt, hat auch viele Liebhaber. Volksmund

Klassisches Spargelgericht

750 g weißer Spargel
Zucker
2 EL Butter
500 g neue Kartoffeln
2 EL Semmelbrösel
150 g gekochter Schinken
150 g Rohschinken

für die Sauce hollandaise:
125 g kalte Butter
2 Eigelb
Zitronensaft
2 EL Weißwein oder Wasser
weißer Pfeffer
Cayennepfeffer

Den Spargel waschen und schälen, die Enden abschneiden. In Salzwasser mit eine Prise Zucker und einem Stückchen Butter gar ziehen lassen – nicht länger als 25 Min. Aus dem Wasser heben und in eine Serviette einschlagen – so bleibt der Spargel warm, und die Flüssigkeit läuft gut ab.

Die Kartoffeln waschen und ungeschält in Salzwasser etwa 20 Min. gar kochen. Abgießen und pellen. Die Semmelbrösel in einer Pfanne mit geschmolzener Butter hellbraun braten. Die Kartoffeln kurz vor dem Servieren in der Bröselbutter wenden und erhitzen.

Für die Sauce hollandaise die Butter in kleine Würfel schneiden. Die Eigelbe mit einem Spritzer Zitronensaft und dem Wein in einer Metallschüssel verrühren. In einem mäßig warmen Wasserbad weißschaumig schlagen. Das Wasserbad darf nie zu heiß werden, sonst gerinnt die Sauce. Nach und nach 2-3 Butterwürfel hineinrühren. Erst wenn sie ganz von der Eigelbmasse aufgenommen wurden, die nächste Portion zugeben. Ist die ganze Butter verbraucht, den Topf aus dem

Wasserbad heben, mit Pfeffer, Cayennepfeffer, Salz und etwas Zitronensaft abschmecken.

Die beiden Schinkensorten dazu servieren.

Vertraut man dem griechischen Arzt Dioskurides, so reizen die vitaminreichen Möhren zum Beischlaf. In Ostasien dienen sie gerne als Ersatz für Ginseng. In einem alten Kochbuch heißt es: »Die gelben Rüben, die Möhren, bringen Lust zu ehelichen Werken! Mit Petersilie gewürzt, wird diese Lust noch gesteigert.«

Möhrensalat auf marokkanische Art

1 Bund Möhren
3 Knoblauchzehen
½ Bund Petersilie
1-2 Minzezweige
Pfeffer
Öl
Essig
1 EL gemahlener Kreuzkümmel

Möhren schaben, waschen und in 1 cm breite Stücke schneiden. Mit dem halbierten Knoblauch in kochendes Salzwasser geben und dünsten, bis sie gar, aber nicht zu weich sind. Inzwischen Petersilie und Minze zerkleinern.

Die Möhren abkühlen lassen, salzen, pfeffern, mit Öl und Essig beträufeln. Kreuzkümmel und die Kräuter untermengen.

Schon die Hellenen schätzten den Fenchel zur Unterstützung ihrer amourösen Abenteuer. Die feuerroten Blüten der Kapuzinerkresse munden nicht nur, sie beflügeln auch die Liebe.

Fenchel mit wildem Reis

2 Fenchelknollen
100 g Wildreis
100 g Langkornreis
1 Schalotte
40 g Butter
2 EL Sherry
Pfeffer
1-2 EL gebräunte Pinienkerne
6 Blüten der Kapuzinerkresse

Fenchel putzen und in Salzwasser etwa 20 Min. garen. Wildreis in kochendes Salzwasser geben und nach 10 Min. den Langkornreis zufügen. Weitere 20 Min. kochen.

Den Fenchel halbieren und aushöhlen, das Innere würfeln. Die Schalotte würfeln und mit dem Fenchel in Butter dünsten. Den abgetropften Reis dazugeben, mit Sherry, Salz, Pfeffer und Fenchelgrün würzen. In die Hälften füllen und mit Pinienkernen und Kresse garnieren.

Ob Knolle oder Stange – wie kaum ein anderes Gemüse gilt der Sellerie als ungemein entspannend und potenzstärkend.

Gebackener Staudensellerie

2 Stangen Sellerie
¼ l Weißwein
3 EL gehackte Kräuter (Petersilie, Kerbel, Schnittlauch)
Pfeffer
4 EL Paniermehl
4 EL weiche Butter

Sellerie in gleich große Stücke schneiden. 5 Min. in Salzwasser blanchieren.

Wein und Kräuter in eine feuerfeste Form geben. Den Sellerie hinzulegen, mit Salz und Pfeffer würzen. Paniermehl und Butter vermengen und auf das Gemüse geben.

Die Form in den Ofen schieben und bei 200° C 20-25 Min. backen.

Variante: Man kann statt des Paniermehls und der Butter auch ein Stück Roquefort-Käse auf die Stangen legen.

Rettich-Curry

1 großer weißer Rettich (ca. 400 g)
1 Knoblauchzehe
2 kleine Zwiebeln
1 Fleischtomate
30 g Butterschmalz
1 EL Curry
½ TL gemahlener Kreuzkümmel
Pfeffer
1 TL geraspelter Ingwer
Sojasauce
30 g gehackte Cashewnüsse
100 g Sahnejoghurt
1 TL Zitronensaft
¼ Bund glatte Petersilie

Den Rettich putzen, schälen und in 3 cm lange und 5 mm breite Streifen schneiden oder hobeln. Knoblauch und Zwiebeln sehr fein würfeln. Die Tomate überbrühen, enthäuten und kleinschneiden.

In einem Topf Schmalz zerlassen. Curry, Kreuzkümmel und Pfeffer kurz darin andünsten, dann Zwiebel, Knoblauch und Ingwer zugeben. 5 Min. schmoren. Rettich, Salz und etwas Sojasauce zufügen und 15 Min. dünsten. Tomaten, Nüsse, Joghurt und Zitronensaft zugeben und weitere 2 Min. schmoren. Kleine Petersilienblättchen abzupfen und als Garnitur über das Rettich-Curry streuen.

Rettich-Curry eignet sich ideal als Beilage für Kurzgebratenes.

Ratatouille

4 Tomaten
1 gelbe Paprikaschote
1 rote Paprikaschote
1 kleine Aubergine
2 kleine Zucchini
2 mittelgroße Zwiebeln
2 Knoblauchzehen
3 EL Olivenöl
Pfeffer
1-2 EL gehackte Kräuter (Thymian, Rosmarin, Origano, Basilikum, Petersilie)

Tomaten häuten, entkernen und in grobe Würfel schneiden. Das restliche Gemüse in Streifen beziehungsweise in schmale Scheiben schneiden. Zwiebeln und Knoblauch hacken und in dem erhitzten Öl andünsten. Paprika und Auberginen hinzugeben, etwa 10 Min. unter Rühren dünsten. Tomatenwürfel und Zucchinischeiben hinzugeben und weitere 10 Min. ohne Deckel mitdünsten, damit die Ratatouille nicht zu flüssig wird. Salzen, pfeffern und die gehackten Kräuter untermengen. Weitere 15 Min. garen.

Kartoffel-Zucchini-Gratin

400 g festkochende Kartoffeln
1-2 kleine Zucchini (ca. 250 g)
1 Knoblauchzehe
20 g Butter
1 Zwiebel
200 ml Sahne
100 ml Kalbs-, Hühner- oder Gemüsebrühe
Pfeffer
geriebene Muskatnuß
40 g geriebener Emmentaler

Kartoffeln schälen und in dünne Scheiben schneiden, die Zucchini ebenfalls in Scheiben schneiden. Eine Auflaufform mit dem halbierten Knoblauch ausreiben und mit etwas Butter einfetten. Kartoffel- und Zucchinischeiben darin schichtweise und leicht überlappend anordnen. Die geschälte Zwiebel in Würfel schneiden und in der restlichen Butter glasig dünsten. Sahne und Brühe zugießen, mit Salz, Pfeffer und Muskat würzen. Den Käse darüberstreuen und im vorgeheizten Ofen bei 150° C 40 Min. goldgelb backen.

Nuß-Rübchen

500 g Teltower Rübchen
2-3 EL Walnußöl
Pfeffer
geriebene Muskatnuß
3 EL gehackte Walnußkerne
5-6 EL Brühe
⅛ l Schlagsahne

Rübchen von Grün und Wurzeln befreien, schälen. Kleine Rübchen ganz lassen, große vierteln. In Öl andünsten, mit Salz, Pfeffer sowie Muskat würzen und die Nüsse hinzugeben. Brühe angießen, bei schwacher Hitze 30 Min. gar dünsten, mit Sahne abschmecken.

Nuß-Rübchen sind eine schmackhafte Beilage zu Braten.

Kohlrabi in saurer Sahne

2 große Kohlrabi
1 Bund Frühlingszwiebeln
1 EL Butter
100 g saure Sahne
1 TL Zitronensaft
weißer Pfeffer
Zucker
geriebene Muskatnuß

Die zarten Herzblätter des Kohlrabi abschneiden und aufheben. Die Kohlrabi schälen, den Wurzelansatz entfernen. Die Knollen vierteln und in sehr dünne Scheiben hobeln.

Die Frühlingszwiebeln bis auf die oberen grünen Blätter in feine Ringe schneiden.

In einer großen Pfanne Butter anschmelzen und die Kohlrabischeiben 5 Min. dünsten. Die Zwiebeln dazugeben, kurz mitdünsten und die Sahne einrühren. Mit Zitronensaft, Salz, Pfeffer sowie je einer Prise Zucker und Muskat abschmecken. Bei schwacher Hitze einige Minuten köcheln.

Mit den kleingeschnittenen Kohlrabiblättern garnieren. Zu Reis und Salzkartoffeln servieren.

Wie süß

»Eine höchst ungewöhnliche Art von Tafelschmuck war entstanden, sowohl Engländer wie Franzosen bedienten sich seiner lange Zeit sehr gerne; Darstellungen des Mannesgliedes, der weiblichen Scham, gefertigt aus Teig oder Zucker und den Gästen bei Festmählern vorgesetzt, sollten zweifellos zu Scherzen und Unterhaltung anregen …«

R. Warner in ›Antiquitates culinariae‹ (1791)

Erdbeeren mit Weinschaumhaube

200 g Erdbeeren
1 EL Zucker
1 TL Zitronensaft

für den Weinschaum:
⅛ l Sahne
2 Eigelb
3 EL Zucker
½ TL abgeriebene Zitronenschale
geriebene Muskatnuß
1 EL Cognac
30 g dunkle Schokolade

Erdbeeren halbieren und mit Zucker und Zitronensaft mischen. In große Kelchgläser verteilen und bis zum Servieren kühl stellen.

Für den Weinschaum die Sahne steif schlagen und ebenfalls in den Kühlschrank stellen. Kurz vor dem Servieren die Eigelbe mit Zucker, Zitronenschale, einer Prise Muskat und Cognac in einem Pfännchen im Wasserbad bei schwacher Hitze zu einer schaumigen Creme aufschlagen. 1-2 Min. abkühlen lassen, die Sahne darunterziehen, über die Erdbeeren verteilen und mit geriebener Schokolade bestreuen.

Pochierte Birnen

½ l Muskatellerwein
½ Muskatnuß
½ Zimtstange
1 großes Lorbeerblatt
½ Zitrone (Saft)
1 EL feingehackter Ingwer
1 TL Gewürznelken
1 TL Kardamomsamen
1 TL Pimentkörner
1 Vanilleschote
2 Birnen mit Stiel
200 ml Sahne
½ TL Zimt
½ TL Vanilleextrakt
½ TL geriebene Muskatnuß
½ TL Piment
½ TL gemahlener Ingwer
½ TL gemahlene Gewürznelken
1 EL Zucker
zum Garnieren: Minzeblättchen

Wein mit Muskat, Zimt, Lorbeerblatt, Zitronensaft, Ingwer, Nelken, Kardamom und Piment sowie der aufgeschlitzten Vanilleschote in einen Topf geben und 30 Min. köcheln.

Inzwischen die Birnen schälen, den Stiel dabei nicht entfernen. Vom Blütenansatz her entkernen. Den Gewürzsud durch ein Sieb abgießen. Die Birnen in den Sud geben und 10-20 Min. weich köcheln. Dabei die Birnen mit einem Teller beschweren – sie sollen nicht oben schwimmen. In der Flüssigkeit abkühlen lassen.

Die Sahne mit den Gewürzpulvern und Zucker verrühren und steif schlagen. Die Birnen abtropfen lassen und mit der Gewürzsahne servieren. Mit Minzeblättchen garnieren.

Zitrusfrüchte auf Sahne-Gelee

⅛ l Sahne
Zucker
1 Ingwerstückchen in Sirup
2 Blatt weiße Gelatine
50 ml Orangensaft
20 g Paranußkerne
1 Orange
1 Blutorange
1 Mandarine
zum Garnieren: Orangeat

Die Sahne fast steif schlagen, mit 1 EL Zucker und 1 TL Ingwersirup verrühren. Die Gelatine etwa 10 Min. in kaltem Wasser aufweichen, ausdrücken. In Orangensaft bei schwacher Hitze auflösen, abkühlen lassen und unter die Sahne ziehen. Mit Zucker abschmecken. Die braune Haut der Nüsse entfernen, die Nüsse fein hobeln. Den Ingwer fein hacken und mit den Nüssen unter die Sahne ziehen. Die Creme in zwei Puddingförmchen füllen und mindestens 6 Std. kalt stellen.

Die Orangen schälen und in Scheiben schneiden. Die Mandarine schälen, in Schnitze teilen, die Haut abziehen. Die Gelees auf zwei Teller stürzen und die Früchte daneben hübsch anrichten.

Flan mit Bananen

2 Bananen
3 frische Eier
½ l Milch
1 EL Zucker
½ TL Vanilleextrakt
½ TL abgeriebene Zitronenschale
1 TL Butter

Bananen schälen und in 2-3 cm lange Stücke schneiden. Die Eier verquirlen, Milch zufügen und mit Zucker, einer Prise Salz, Vanille und Zitronenschale mischen. Eine flache feuerfeste Form ausbuttern und die Eiermasse hineingießen. Die Bananenstücke senkrecht in die Masse stellen. Im auf 200° C vorgeheizten Ofen überbacken. Den Flan rechtzeitig aus dem Ofen nehmen, er darf nicht zu fest werden.

In der Form kalt oder warm servieren.

Pfirsiche in Weißwein

400 g Pfirsiche
1 EL Zitronensaft
2 EL Zucker
300 ml Weißwein

Pfirsiche kurz in heißes Wasser tauchen und schälen. Die Früchte halbieren, entkernen und in Schnitze schneiden. Mit Zitronensaft und Zucker mischen. Den Weißwein darübergießen und 2-3 Std. kühl stellen.

Geeister Espressoschaum

3 Eigelb
60 g Zucker
4 EL frisch zubereiteter Espresso
2 TL brauner Rum
1 Blatt weiße Gelatine
⅛ l Sahne
Kaffeepulver

Eigelbe und Zucker schaumig schlagen. Im heißen Espresso 1 TL Rum verrühren und unter die Eimasse geben. Dabei die Masse mit dem Schneebesen schlagen, bis sie kalt ist.

Die Gelatine in kaltem Wasser einweichen, gut ausdrücken und mit 1 TL Rum bei schwacher Hitze auflösen. Vorsichtig unter die Espressomasse rühren. Etwa 20 Min. in den Kühlschrank stellen und gelieren lassen.

Die Sahne steif schlagen und zwei Drittel unter die Masse heben. Den Espressoschaum bis auf einen schmalen Rand in Kaffeetassen füllen. Kalt stellen, am besten 15 Min. vor dem Servieren ins Tiefkühlfach geben.

Vor dem Auftragen mit der restlichen Sahne garnieren und etwas Kaffeepulver darüberstäuben.

Hagebuttencreme mit Fruchtsalat

für die Creme:
400 ml Milch
1 Päckchen Vanillepudding
1 Ei (getrennt)
40 g Zucker
1 TL gemahlener Ingwer
3 EL ungezuckertes Hagebuttenmus (Reformhaus)
1 ungespritzte Orange
100 ml Sahne

für den Fruchtsalat:
2 Orangen
100 g Kumquats
1 Granatapfel
1 Apfel
2 EL Orangenlikör oder -saft

für die Sauce:
1 ungespritzte Limette
30 g Zucker
1 Päckchen Vanillezucker

Für die Creme aus Milch, Puddingpulver, Eigelb, Zucker und einer Prise Salz einen Pudding kochen. Ingwer, Hagebuttenmus und abgeriebene Orangenschale zugeben. Steif geschlagenes Eiweiß unterziehen und abkühlen lassen. Steif geschlagene Sahne vorsichtig unter die Creme heben.

Für den Salat die Orangen filetieren, dabei den Saft auffangen. Die Kumquats abspülen und halbieren, große Früchte vierteln. Den Granatapfel halbieren und entkernen. Den Apfel schälen, das Kerngehäuse herausschneiden und den Apfel in Schnitze schneiden. Im aufgefangenen Orangensaft und Likör 3 Min. dünsten und abkühlen lassen.

Für die Sauce abgeriebene Limettenschale und -saft, Zucker und Vanillezucker verrühren. Über die vorbereiteten Früchte geben. Den Fruchtsalat zur Hagebuttencreme servieren.

Vanilleeis mit Zabaione

50 g Zucker
3 Eigelb
150 ml Marsala
2 große Kugeln Vanilleeis

Zucker und Eigelb im Wasserbad schaumig schlagen. Marsala zugeben und unter ständigem Rühren bei schwacher Hitze köcheln, bis die Zabaione schaumig und dick wird.

Sofort in hohe Gläser mit je einer Kugel Eis verteilen.

Tiramisu

150 ml Espresso oder starker Kaffee
2 EL brauner Rum (nach Belieben)
100 g Löffelbiskuits
1 EL Kakaopulver

für die Creme:
4 Eier (getrennt)
½ Vanilleschote (Mark)
100 g Zucker
300 g Mascarpone

Kaffee zubereiten und erkalten lassen, Rum beimengen.

Für die Creme Eigelb, Vanille und Zucker zu einer dickflüssigen Creme schlagen, Mascarpone zugeben und gut mischen. Eiweiß steif schlagen und vorsichtig unter die Creme heben.

Die Biskuits in eine schöne Form geben und mit dem Kaffee-Rum beträufeln. Die Hälfte der Creme darüber verteilen. Darauf die nächste Schicht Biskuits legen und mit der restlichen Creme bedecken. Mindestens 4, besser 6 Std. in den Kühlschrank stellen.

Vor dem Servieren mit Kakaopulver bestäuben.

Grapefruit heiß-kalt

1 große Grapefruit
(ruby red oder gelb, je nach Geschmack)
3 EL Zucker
2 EL Kirsch
Vanilleeis
1 Eigelb
½ TL Vanilleextrakt
2 Eiweiß
1 EL kandierte Früchte
1 EL Puderzucker

Die Grapefruit halbieren. Das Fruchtfleisch vorsichtig von der Schale lösen – am besten den Trennhäuten entlang herausschneiden, so daß halbe geschälte Schnitze entstehen. Die Schnitze in eine Schüssel geben und mit 2 EL Zucker und dem Kirsch vermischen. 1 Std. im Kühlschrank ziehen lassen.

Die Schalenhälften gut säubern und von den restlichen Trennhäuten befreien. Zur Hälfte mit Eis füllen und andrücken. Ins Tiefkühlfach stellen.

Eigelb, restlichen Zucker und Vanilleextrakt zu einer weißlichen Creme schlagen. Eiweiß mit einer Prise Salz steif schlagen. Eicreme, kandierte Früchte und Eischnee vorsichtig miteinander vermengen.

Die Fruchtschnitze in die Grapefruitschalen verteilen. Die Eimasse in einen Dressiersack mit großem Einsatz füllen und über die Schnitze eine Haube spritzen. Puderzucker darüberstäuben und in den auf 240° C vorgeheizten Backofen schieben. Bei Oberhitze kurz anbräunen und sofort servieren.

Kokoscreme mit Mango

25 g Kokosraspel
Milch
2 EL Kokosnußcreme (aus der Dose)
2 EL weißer Rum
2 Blatt weiße Gelatine
1 großes Ei
30 g Zucker
½ ungespritzte Zitrone oder Limette
⅛ l Schlagsahne
1 kleine Mango
100 ml Maracujasaft

Kokosraspel in eine Schüssel geben und mit etwas warmer Milch bedecken, quellen lassen.

Kokosnußcreme mit Rum verrühren. Die Gelatine 5 Min. in kaltem Wasser einweichen.

Ei, Zucker und abgeriebene Zitronenschale zu einer dicklichen Creme schlagen. Die gequollenen Kokosraspel und die Rum-Mischung unterrühren.

Die Gelatine tropfnaß in einen kleinen Topf geben, bei schwacher Hitze auflösen und unter die Creme rühren. Im Kühlschrank ziehen lassen, bis die Creme halbfest wird. Dann die steif geschlagene Sahne unterziehen und die Creme weitere 3 Std. kühlen und erstarren lassen.

Die Mango schälen und in Schnitze schneiden. Mit dem Maracujasaft in einen Topf geben und einige Minuten dünsten. Abkühlen lassen und mit der Kokoscreme auf einem Teller servieren.

Minzgelee mit Melonenbällchen

30 g Minzeblätter
1-2 EL Honig
Kardamom
3 Blatt weiße Gelatine
⅓ Honigmelone
2 EL Zitronensaft

für die Weinschaumsauce:
1 Ei
2 EL Zucker
⅛ l Weißwein

Einige Minzeblätter beiseite legen. Die übrigen waschen und mit ¼ l kochendem Wasser überbrühen. 10 Min. ziehen lassen, durch ein feines Sieb gießen, mit Honig und Kardamom würzen. Die Gelatine in kaltem Wasser etwa 5 Min. einweichen. Ausdrücken und in dem heißen Tee auflösen.

Aus der Melone Bällchen stechen. Sechs Stück beiseite legen, die restlichen mit Zitronensaft und einigen Minzeblättern in den Tee geben und in zwei Puddingförmchen gießen. 6 Std. kalt stellen.

Für die Sauce das Ei mit Zucker und Wein verrühren und im warmen Wasserbad dickschaumig aufschlagen.

Das Gelee auf einen schönen Teller stürzen, etwas Weinschaumsauce dazugießen, mit den zur Seite gelegten Melonenbällchen und Minzeblättern garnieren.

Gebackene Bananen

2 reife Bananen
2 TL Limonensaft
Butter
2 EL Orangensaft
2 TL karibischer Rum
2 EL brauner Zucker
Zimt
4 EL Kokosraspel

Geschälte Bananen mit Limonensaft beträufeln, damit sie nicht braun werden. Der Länge nach durchschneiden und in eine ausgebutterte feuerfeste Form legen.

Orangensaft, Rum und Zucker miteinander vermischen und über die Bananen gießen. Mit etwas Zimt bestäuben, die Kokosraspel darüberstreuen. Im auf 200° C vorgeheizten Ofen etwa 15 Min. überbacken.

Liebesquell

Um das Trinken ranken sich weit mehr archaische Vorstellungen denn um das Essen, ging doch die Menschheit lange davon aus, mit dem Trinken die Seele einer Sache unmittelbar in sich aufzunehmen. Bei alkoholischen Getränken überwand der Rausch Schranken und half, erotische Kontakte herzustellen und zu intensivieren.

Aperitifs

Adonis

pro Glas:
3 cl Sherry
1½ cl Vermouth rosso
1½ cl Vermouth bianco
ein paar Spritzer Orange-Bitter

Auf viel Eis im Rührglas kräftig verrühren und in vorgekühlter Cocktailschale servieren.

Südseetraum

pro Glas:
5 cl Kokosmilch
2 EL pürierte frische Ananas
2 cl frisch gepreßter Limettensaft
1 cl weißer Rum
zum Garnieren: ¼ Scheibe Ananas, 1 Minzeblatt

Im Shaker auf Eis mixen und über zerstoßenem Eis in einem dekorativen Glas servieren. Mit Ananas und Minzeblatt dekorieren.

Rotes Feuer

pro Glas:
2 cl Orangenlikör
2 EL Zitronensaft
4 vollreife, pürierte Erdbeeren
Champagner

Zutaten verrühren und mit Champagner aufgießen. In einer Cocktailschale servieren.

Himbeer-Prosecco

pro Glas:
2 EL Himbeermark
einige feingehackte Blätter Zitronenmelisse
Prosecco

Die Zutaten verrühren und mit Prosecco aufgießen.

Angel's Delight

pro Glas:
4 cl Sahne
einige Spritzer Grenadine
2 cl Triple sec
2 cl Gin

Auf viel Eis im Shaker kräftig schütteln und in eine Cocktailschale abseihen.

Devil

pro Glas:
2 cl Vermouth dry
3 cl Portwein
ein Spritzer Zitronensaft
Zitronenschale

Im Rührglas auf Eis gut verrühren und in vorgekühlte Cocktailgläser abseihen. Mit Zitronenschale abspritzen, die Schale dazugeben.

Knockout

pro Glas:
2 cl Vermouth dry
2 cl Gin
einige Spritzer Pernod
ein Spritzer Crème de Menthe

Im Rührglas verrühren und in ein vorgekühltes Martiniglas gießen.

Leave it to me

pro Glas:
2 cl Vermouth dry
2 cl Gin
einige Spritzer Zitronensaft
einige Spritzer Maraschino
einige Spritzer Apricot Brandy

Im Shaker auf Eis schütteln und in ein Martiniglas abseihen.

Fallen Leaves

pro Glas:
2 cl Vermouth rosso
1 cl Vermouth dry
2 cl Calvados
ein Spritzer Brandy
Zitronenschale

Auf viel Eis im Rührglas verrühren und in vorgekühlte Cocktailschale abseihen. Mit Zitronenschale abspritzen, die Schale dazugeben.

Holunderblütensorbet mit Champagner

60 g Holunderblüten ohne Stiel
⅛ l trockener Weißwein (Riesling)
100 ml Mineralwasser
100 ml trockener Sekt
1 Zitrone (Saft)
1 Gewürznelke
100 g Zucker
¼ l Champagner
zum Garnieren: kandierte Veilchen oder Himbeeren,
Walderdbeeren, 2 Zweige Zitronenmelisse

Holunderblüten in einer Schüssel mit kaltem Wasser waschen, gut ausschütteln und auf einem Tuch abtrocknen lassen.

Alle Zutaten bis auf den Champagner aufkochen. Die Blüten in ein Steingut- oder Glasgefäß geben und mit dem kochendheißen Sud übergießen. Mit einem Tuch bedecken und eine Woche kalt stellen.

Dann die Mischung durch ein feines Sieb gießen und in einer Eismaschine bzw. im Tiefkühlgerät 2-3 Std. gefrieren lassen. Zwischendurch immer wieder durchrühren, damit sich keine zu großen Eiskristalle bilden.

Kurz bevor das Sorbet richtig fest wird, 3-4 EL Champagner unterrühren und vollständig gefrieren lassen.

Kugeln abstechen, in eine Sektschale geben, mit Champagner aufgießen und mit Veilchen oder Beeren sowie der Zitronenmelisse garnieren.

Alkoholische Getränke

Persischer Liebestrank

schwarzer Tee
1½ EL Zucker
Pfirsichscheiben
Rum

½ l Tee aufbrühen und 5 Min. ziehen lassen, mit Zucker vermengen und abkühlen lassen.

Die Pfirsichscheiben in ein Teeglas legen, einen Schuß Rum darübergießen und mit dem abgekühlten Tee auffüllen. Zum Schluß 2 Eiswürfel hinzugeben.

Kaffee extra

3 EL Kakaopulver
2 TL Zimt
geriebene Muskatnuß
3 EL Honig
2 Becher starker Kaffee
4 cl Rum

Kakao mit Zimt, Muskat und Honig vermischen, dabei 1-2 Tropfen Wasser zugeben. Mit dem Kaffee vermengen und den Rum einrühren.

Selleriebowle

1 große Sellerieknolle
feingestoßener Kandiszucker (nach Belieben)
Cognac (nach Geschmack)
2 Flaschen Weißwein

Den Sellerie putzen und in dünne Scheiben schneiden. Mit dem Kandis in ein Glasgefäß geben und luftdicht verschließen. Einen Tag an einem kühlen Ort ruhenlassen, abends mit Cognac übergießen und über Nacht stehenlassen.

Vor dem Genuß mit Wein aufgießen.

Ingwerbier

1 l Bier
1 EL gemahlener Ingwer
½ EL geriebene Muskatnuß
3 frische Eier
Honig

In einem Topf das Bier mit Ingwer und Muskat vermischen und langsam erhitzen. Inzwischen die Eier mit etwas kaltem Bier und flüssigem Honig schaumig schlagen. Das heiße Bier zugießen.

Bananenwein

3 kg überreife Bananen
50 g Hefe
300 g Zucker

Die geschälten Bananen pürieren. Hefe fein zerreiben und mit dem Zucker gut vermischen. Alles in einen irdenen Topf geben und zugedeckt drei Monate gären lassen.

Dann das Gebräu filtern und kalt servieren.

Gewürzter Rotwein

1 l roter Burgunder
30 g Zimt
30 g gemahlener Ingwer
10 g gemahlene Gewürznelken
½ Vanillestange (Mark)
400 g Zucker

Alle Zutaten in einen Topf geben und zugedeckt 1 Std. stehenlassen. Vor dem Servieren den Wein filtern.

Ginsengwein

1 lange Ginsengwurzel, frisch oder getrocknet
½ l Reiswein

Ginseng mit Reiswein übergießen und einen Monat stehenlassen.

Täglich 1 Gläschen trinken. Die Wurzel verbleibt im Wein. Sie kann bis zu 13 mal mit Reiswein aufgegossen werden.

Tequila special

1 Handvoll Hanfblüten
1 Stück frische Hanfwurzel
1 Chilischote
700 ml Tequila

Die Zutaten und eine Prise Salz mit Tequila übergießen und eine Woche ziehen lassen.

Je nach Bedarf und Geschmack möglichst eisgekühlt mit frisch gepreßtem Limonensaft trinken. Die Zutaten werden nicht mitgetrunken.

Cocktails

Bee's Kiss

pro Glas:
2 cl Sahne
2 Barlöffel flüssiger Honig
3 cl weißer Rum
1 cl brauner Rum

Im Shaker auf Eis kräftig schütteln und in eine Cocktailschale abseihen.

Between the Sheets

pro Glas:
2 cl Zitronensaft
1 cl Triple sec
2 cl Brandy
2 cl weißer Rum

Im Shaker auf Eis kräftig schütteln und in eine vorgekühlte Cocktailschale abseihen.

Green Leaves

pro Glas:
Minzeblätter
2 cl Sirop de Menthe Verte
Tonic-Wasser

Minzeblätter in ein großes Becherglas geben, den Sirup darübergießen. Die Minze mit einem Löffel zerdrücken, zerstoßenes Eis zugeben, mit Tonic-Wasser auffüllen und umrühren.

Coconut Lips

pro Glas:
6 cl Ananassaft
4 cl Sahne
1-2 cl Kokosnußcreme
1 cl Himbeersirup
zum Garnieren: Amarenakirsche, Ananas

Im Shaker kräftig schütteln und in ein großes Becherglas auf zerstoßenes Eis abseihen. Mit Kirsche und Ananas dekorieren.

Latin Lover

pro Glas:
1-2 cl Zitronensaft
2 cl Rose's Lime Juice
4-6 cl Ananassaft
2 cl Cachaça
2 cl Tequila
zum Garnieren: Ananas

Auf zerstoßenem Eis im Shaker kräftig schütteln und in ein großes Becherglas auf zerstoßenes Eis abseihen. Mit Ananas verzieren.

Pick me up

pro Glas:
1 cl Zitronensaft
2-3 cl Brandy
ein Spritzer Angostura
ein Spritzer Grenadine
einige Spritzer Zuckersirup
Champagner

Im Shaker auf Eis kräftig schütteln, in einen Champagnerkelch abseihen und mit Champagner auffüllen.

Piña Colada

pro Glas:
4 cl Kokosnußcreme
6 cl Ananassaft
6 cl weißer Rum

Auf zerstoßenem Eis im Elektromixer zubereiten und in ein großes Becherglas füllen.

Tee, Kaffee, Kakao

Frischer, anregender Tee

500 g frischer Tee (Zweige und Blätter) aus Asia-Läden
2 l stilles Mineralwasser

Tee waschen, nicht zerkleinern und in das noch kalte Mineralwasser geben. Aufkochen und 30 Min. sprudelnd kochen. In eine Kanne abfüllen.

Aus den Teezweigen und -blättern lassen sich bis zu drei Aufgüsse zubereiten. Der Tee wird ungesüßt getrunken.

Chinesischer Ingwertee

für 2 Tassen:
4-6 Stück Ingwerwurzel
2 EL Zucker

4 Tassen Wasser mit dem Ingwer kochen, bis es zur Hälfte verdampft ist, dann Zucker hinzufügen. Den Tee heiß trinken.

Ginsengtee

1 EL Ginsengwurzel
1 EL Ingwerwurzel
1 EL Süßholz
1 Dattel
Honig oder Zucker

Alle Zutaten in ½ l Wasser aufkochen und ziehen lassen. Abgießen und mit Honig oder Zucker süßen.

Einmal täglich trinken.

Vietnamesischer Süßholzraspeltee

1 l stilles Mineralwasser
2 Stangen Zuckerrohr
5 Süßholzstangen
2 Minzezweige
1 TL schwarzer Tee

Das Wasser aufkochen. Zuckerrohr und Süßholz zerkleinern, die Minze waschen und trocknen. Alle Zutaten in eine Kanne geben und mit dem kochenden Wasser übergießen. 5 Min. ziehen lassen.

Der Tee kann dreimal aufgegossen werden.

Marokkanischer Pfefferminztee

½ Zweig frische Minze
Zucker oder Honig

Minzeblätter in ein Glas geben und mit kochendem Wasser übergießen. Nach Geschmack süßen.

Ananas-Tee-Getränk

6 TL schwarzer Tee
1 frische Ananas, in Scheiben geschnitten
1 Zitrone (Saft)
¾ l stilles Mineralwasser
feingehackter, kandierter Ingwer

Tee aufbrühen, 5 Min. ziehen lassen und kalt stellen. Vier Ananasscheiben zerstückeln und mit Zitronensaft übergießen. Den Tee hinzugeben und kühlen. Vor dem Servieren mit kaltem Mineralwasser aufgießen und den Ingwer zufügen.

Eistee mit Ingwer

12 TL schwarzer Tee
1 l stilles Mineralwasser
brauner Zucker
1 ungespritzte Zitrone, eingelegter Ingwer

Den Tee mit Mineralwasser aufbrühen und 5 Min. ziehen lassen. Gläser zu zwei Dritteln mit Eiswürfeln füllen, den Tee darübergießen. Nach Belieben mit braunem Zucker süßen. Mit Zitronenscheiben und gehacktem Ingwer garnieren.

Kardamom-Kaffee

1 gehäufter TL Bohnenkaffee
1 gehäufter TL Kardamom
Honig oder Zucker
Milch

Kaffee mit Kardamom vermengen und mit Wasser aufbrühen. Süßen und nach Geschmack Milch hinzugeben.

Mexikanischer Kakao

1 l Milch
2 Vanillestangen
4 EL Kakao
2 EL Honig
4 EL Zucker
Chili

Milch mit den Vanillestangen erhitzen. Nach 10 Min. die Stangen herausnehmen, aufschlitzen und das Mark herauskratzen. Das Mark mit Kakao und ¼ l Wasser verrühren und in die heiße Milch gießen. Honig und Zucker zugeben, mit je einer Prise Chili und Salz würzen. Den Topf vom Herd nehmen und den Kakao schaumig aufquirlen.

Anti-Streß-Kakao

5 gehäufte TL Kakao
1-2 TL Zimt
1-2 Messerspitzen Kardamom
1 Messerspitze Gewürznelke
½ Vanilleschote (Mark)
1 Prise Chili (je nach Geschmack)
4-6 TL Honig

Alle Zutaten 5 Min. in ½ l Wasser kochen.

Andere Getränke

Guaranatrank

Guaranasamen
1 l kochendes Wasser

Eine Handvoll Guaranasamen im Mörser zerstampfen und mit dem Wasser übergießen. Nach 5-10 Min. abgießen und trinken. Die Samen können viermal aufgegossen werden.

Honigwasser

1 Zweig Rosmarin
1 Zweig Salbei
1 Zweig Raute
Brunnenkresse
250 g frischer Honig

Die Kräuter in ein Glas Honig stecken und 3 Monate lang verschlossen stehenlassen.

1 TL Honig mit 1 Tasse kochendem Wasser überbrühen und regelmäßig trinken.

Selleriewasser

1 TL Selleriesamen

Selleriesamen in 2 Glas Wasser 8 Std. ziehen lassen. Tagsüber trinken.

Krishnas Trank

2 Tassen Mandeln
2 Tassen Blaubeeren
2-4 EL Ahornsirup (nach Geschmack)

Die Mandeln über Nacht einweichen.

Am nächsten Tag 1½ Min. in kochendes Wasser legen. Die braune Haut entfernen, die Kerne zerkleinern. Langsam 4 Tassen Wasser hinzufügen. Die Blaubeeren pürieren und durch ein Sieb zur Mandelmasse geben. Mit Ahornsirup süßen.

Objekte der Begierde

Babette Hersant weiß, wie man kocht – so steht es jedenfalls in dem Empfehlungsschreiben, das sie bei sich führt in jener sturmumtosten Septembernacht 1871, als sie ein Boot an die jütländische Küste bringt, zu einem kleinen Nest mit niedrigen Häuschen und geduckten Giebeln. Die 35-jährige ist auf der Flucht.

In Frankreich herrscht Bürgerkrieg, Mann und Sohn sind bereits dahingeschlachtet. Ein Freund hat sie zu diesem kargen Zipfel Dänemarks geschickt, den beiden Schwestern Martine und Fillipa anempfohlen. Beide sind nicht mehr die Jüngsten, recht puritanisch, beseelt von asketischer Nächstenliebe. Ihr Vater war Priester, Philosoph und ist seit Jahren tot. Nun sorgen die Schwestern für die Alten im Dorf und führen sein Werk fort. Was gäbe es sonst zu tun auf Gottes Erde! Babette will bleiben, trotz der ewiggrauen Wolken, dem störrischen Gras und der einfachen Kost: Brotsuppe mit einem Schuß Bier und ein nie variiertes Fischgericht.

Vierzehn Jahre lang fügt sich Babette diesem Geschmacksdiktat, beobachtet, wie Menschen Greise werden und, trotz der ewigen Psalmen-Singerei, langsam beginnen, sich ihre Jugendsünden vorzurechnen: kleine Eifersüchteleien, Betrügereien, Seitensprünge. Und das so kurz vor dem wichtigsten Feiertag, dem 100. Jubiläum ihrer Glaubensgemeinschaft.

Genau in diese Zeit fällt ein Brief aus Paris – 10.000 Francs hat Babette in der Lotterie gewonnen. Kehrt sie zurück nach Frankreich? Sie geht. Doch nur für eine Woche, um einzukaufen für das Jubliläumsfest, das sie vorbereiten wird. Ihr einziger Wunsch in dieser langen Zeit: endlich ein französisches Dîner!

Piepsende Wachteln, eine keuchende Schildkröte, unzählige Kisten und Körbe, einen ganzen Block Eis bringt sie mit. Staunend beobachtet die Gemeinde den Landgang dieser Exotika. Was hat sie vor? Schon plagen die Schwestern Alpträume, fauchende Riesenechsen und berauschte Hexen, ausgerechnet zu ihrem Ehrentag wird das Laster sie in Versuchung führen, bedroht sie ein regelrechter Hexensabbat! Aber es gibt kein Zurück.

Babette hat die lange Tafel mit weißem Leinen gedeckt und dezent mit Federn und Blumen dekoriert. Kerzen brennen, scheinen wider auf edlem Porzellan und vielen verschiedenen Gläsern vor jedem Platz. In der Küche hantieren die Gehilfen, rupfen Wachteln, häuten den Kalbskopf, schlachten die Schildkröte, backen Pasteten, wickeln Weinflaschen aus dem schützenden Stroh. Summend gießt Babette die Suppe zu den Croûtons in die Tassen. Endlich, es wird aufgetischt.

Ein Amontillado vorweg, der beste, wie der General, ein Zufallsgast aus Paris, erstaunt konstatiert. Auftritt der Schildkrötensuppe – ein Gaumenschmaus. »Für jeden nur ein Glas«, mahnt Babette ihren Gehilfen und schickt ihn mit einer Flasche Veuve Clicquot, Jahrgang 1860, hinaus. Dazu serviert sie »Blinis Davidoff«. Austern, schwarz-weiß garniert. »Rotwein kommt in die großen Gläser«, belehrt Babette und dekoriert die enthaupteten, mit schwarzen Trüffeln gefüllten Wachteln im Blätterteignest mit Schnecken und Kräutern. Sie sind als nächstes dran und sorgen für Irritation. Wie ißt man die? Ah, so macht's der General, beißt genüßlich in das knusprig-knackende Wachtelköpfchen und saugt geräuschvoll das Hirn heraus?! Löffelt dazu begeistert die dunkle Sauce und beginnt zu schwärmen. Von damals, als er diese »Cailles en sarcophage« zum ersten Mal im Pariser Café Anglais gekostet hatte: »Der Küchenchef war erstaunlicherweise eine Frau. Sie hatte die seltene Gabe, jedes Diner in eine Liebesaffaire zu verwandeln, in eine Affaire zwischen dem physischen und dem spirituellen Appetit. Sie war der größte kulinarische Genius auf Erden!« Er nippt am Rotwein und registriert verblüfft seine Qualität – ein Clos de Vougeot 1845!

Seliges Lächeln erhellt langsam die verhärmten Gesichter. Die Tafelnden plaudern, erinnern sich an vergangene schöne Momente. Salat wird aufgetischt, in kleinen Schälchen, und noch mehr Rotwein. Große Käsestücke zum Dessert, und die seltensten Früchte: Feigen, Papayas, Trauben. Das Schlemmen will kein Ende finden. Jetzt noch ein Kuchen mit

Kirschen und Blüten verziert, dazu Kaffee, natürlich frisch gemahlen. Ein Gläschen Vieu Marc de Champagne vor dem Nachhauseweg – und alle liegen sich plötzlich in den Armen: »Laßt uns singen und einen Kuß zur Brüderschaft geben!« Vergessen die Konkurrenz von einst, alle lachen, sind glücklich wie selten zuvor: Die Sterne sind plötzlich zusammengerückt.

Szene aus dem Film ›Babettes Fest‹ von Gabrielle Axel nach der Erzählung von Tania Blixen

Frühlingsgefühle

Spargelsalat
Steinbutt in Riesling-Sahne-Sauce mit Bandnudeln
Rhabarbergrütze mit Erdbeeren

Spargelsalat

150 g grüne Bohnen
50 g frische Champignons
Pfeffer
1 EL Zitronensaft
50 g zarte Möhren
200 g frisch gekochter Spargel
2 EL kaltgepreßtes Olivenöl

Bohnen in Salzwasser 5-7 Min. kochen, abgießen und kalt abspülen. Die Champignons säubern, in feine Scheiben schneiden und sofort mit Salz, Pfeffer und Zitronensaft mischen. Die Möhren schaben und in lange feine Streifen schneiden. Den Spargel in 4 cm lange Stücke schneiden, die Bohnen halbieren.

Möhren, Champignons und Bohnen mischen, neben den Spargel legen und mit Öl beträufeln.

Steinbutt in Riesling-Sahne-Sauce

2 Steinbuttfilets (je 200 g)
Zitronensaft
2 Schalotten
½ Bund Kerbel
100 g kalte Butter
100 ml trockener Weißwein (Riesling)
1 große Fleischtomate
80 g Champignons
100 ml Sahne
Pfeffer
Crème fraîche

Den Fisch unter kaltem Wasser abspülen, trockentupfen und mit Zitronensaft beträufeln. Schalotten kleinschneiden, Kerbel fein hacken. 30 g Butter zerlassen, die Schalotten glasig dünsten und die Filets dazugeben. Kerbel, Wein und 3 EL Wasser hinzugeben und 13 Min. dünsten.

Inzwischen die Tomate enthäuten, entkernen und in Streifen schneiden. Die Pilze säubern und in Scheiben schneiden. Den Fisch herausnehmen und warm stellen. Sahne zum Fischsud gießen und einkochen. Tomate und Pilze zugeben und erhitzen. Restliche Butter in Flöckchen unterschlagen, bis die Sauce sämig wird. Mit Pfeffer und Salz abschmecken, mit Crème fraîche verfeinern und mit einigen Kerbelblättchen garnieren.

Dazu breite Bandnudeln servieren.

Rhabarbergrütze mit Erdbeeren

400 g Rhabarber
100 g Zucker
2 Blatt weiße Gelatine
100 g Erdbeeren
etwas Puderzucker
1 Eiweiß
⅛ l Sahne
2 Minzezweige

Rhabarber schälen, die Stangen in kleine Stücke schneiden. In einen Topf geben und mit 80 g Zucker bestreuen. 2 Std. ziehen lassen. Anschließend kochen, bis die Fruchtstücke so weich sind, daß sie zerfallen.

Die Gelatine in kaltem Wasser 5 Min. einweichen, ausdrücken und im heißen Kompott auflösen. Kalt stellen, bis die Masse gallertartig wird. Inzwischen die Erdbeeren – zwei schöne Beeren mit Stielansatz aufbewahren – putzen und halbieren. Mit Puderzucker bestäuben.

Das Eiweiß sehr steif schlagen und mit dem restlichen Zucker vermengen. Auch die Sahne steif schlagen und beides vorsichtig unter das Rhabarbermus ziehen. Die vorbereiteten Erdbeeren untermischen. In dekorative Gläser füllen und mit Minzezweigen und den zur Seite gelegten Erdbeeren dekorieren.

Sommerhitze

Gazpacho
Gefüllte Tauben mit Erbsen und Herzoginkartoffeln
Sahneeis mit flambierter Himbeersauce

Gazpacho

1 kleine Freilandgurke (200 g)
1 vollreife Fleischtomate
1 rote Paprikaschote
1 Eigelb
2 EL Olivenöl
1 EL Sonnenblumenöl
1 TL Rotweinessig
Pfeffer
1 kleine Scheibe Weißbrot
1 Knoblauchzehe

Die Gurke schälen, halbieren und entkernen. Die Tomate kurz überbrühen, enthäuten und halbieren, die Kerne entfernen. Den Stengelansatz der Paprika herausschneiden, sie halbieren und ebenfalls entkernen. Ein Viertel des Gemüses in kleine Würfel schneiden, den Rest im Mixer pürieren.

Eigelb, 1 EL Olivenöl, Sonnenblumenöl und Essig zu einer dicklichen Creme aufschlagen. Das Gemüsepüree zugeben und mit Salz und Pfeffer abschmecken. 1-2 Std. in den Kühlschrank stellen.

Weißbrot in kleine Würfel schneiden. 1 EL Olivenöl in einer Pfanne erhitzen und den Knoblauch darin goldgelb braten. Herausnehmen und die Brotwürfel knusprig braten.

Die Suppe in zwei Suppentassen füllen, mit den Gemüse- und Brotwürfeln garnieren.

Gefüllte Tauben

2 junge Tauben
Pfeffer
2 Speckscheiben zum Spicken
1 EL Butterschmalz

für die Füllung:
½ Brötchen
75 ml Geflügelbouillon
100 g Geflügelleber
30 g Magerspeck
1 EL Butter
1 große Schalotte
1 TL gehackte Petersilie
1 EL gehackte Kräuter (Basilikum, Thymian, Majoran)
1 TL gehackte Pistazien
1 Ei

für die Sauce:
1 Schalotte
1 TL Butter
100 ml Madeira
200 ml Geflügeljus

Sind die Tauben bereits pfannenfertig, Hals und Flügel abschlagen. Vom Hals her die Haut über den Brüsten lösen. Die Tauben waschen und trockentupfen.

Für die Füllung das Brötchen kleinschneiden, mit der warmen Bouillon übergießen, weichen lassen und ausdrücken. Die Geflügelleber sowie die Herzen und Lebern der Tauben säubern und halbieren. Den Speck in feine Würfel schneiden, mit Butter, Innereien und der feingehackten Schalotte in eine Pfanne geben und anziehen lassen. Die Petersilie und etwas von den gehackten Kräutern zugeben und kurz mitdünsten. Die Hälfte der Innereien aus der Pfanne nehmen und mit dem Brötchen pürieren. Dann mit den restlichen kleingeschnittenen Innereien, den restlichen Kräutern, Pistazien und Ei vermischen.

Die Tauben innen mit Salz und Pfeffer würzen. Die Füllung sowohl in die Bauchöffnung als auch in die gelöste Brusthaut geben. Mit Küchengarn zunähen und binden, dabei die Speckscheiben auf der Brust fixieren. In heißem Schmalz goldbraun braten, dabei häufig wenden. Die Tauben warm stellen, überschüssiges Fett aus der Pfanne gießen und den restlichen Bratensatz mit 4 EL Wasser kochend lösen und zu der Sauce geben.

Für die Sauce die Schalotte und die abgehackten Flügelknochen in Butter andünsten, mit Madeira mehrmals ablöschen, dann mit Geflügeljus auffüllen. Die Sauce durch ein Sieb streichen, mit Salz und Pfeffer würzen, die restlichen Kräuter zugeben.

Die Speckscheiben entfernen. Die Tauben in Brüste und Keulen teilen und mit der Sauce umgießen.

Dazu schmecken grüne Erbsen und Herzoginkartoffeln.

Herzoginkartoffeln

200 g mehligkochende Kartoffeln
1 Ei
geriebene Muskatnuß
2 TL Butter
1 Eigelb
1 EL Sahne

Geschälte Kartoffeln in Salzwasser gar kochen, abgießen und zum Ausdämpfen in den heißen Backofen stellen – sie müssen trocken werden.

Die Kartoffeln zerstampfen und das Ei unterarbeiten, mit Muskat und Salz abschmecken. 1 EL Butter untermengen.

Ein Blech mit Butter bestreichen. Die Kartoffelmasse in einen Spritzsack mit großer Sterntülle füllen und rosettenförmig aufspritzen. Das Eigelb mit der Sahne vermischen und die Kartoffelrosetten damit bestreichen. Im vorgeheizten Ofen goldgelb backen.

Vanilleeis mit flambierter Himbeersauce

200 g Himbeeren
1 EL Zitronensaft
2 EL Zucker
1 EL Himbeergelee
2 EL Himbeergeist
2 Portionen Vanilleeis

Himbeeren mit Zitronensaft, Zucker und Himbeergelee mischen. Bei schwacher Hitze erwärmen, zum Schluß Himbeergeist zugeben. In eine vorgewärmte Sauciere füllen. Flambieren – dazu muß die Sauce heiß sein –, brennend auftragen und über das Eis verteilen.

Herbstverlangen

Schnecken mit Kräutersauce
Steinpilzconsommé
Hirschmedaillons mit Selleriepüree
Käseplatte

Schnecken mit Kräutersauce

Butter
1 EL Sahne
1 EL Weißwein
1 Knoblauchzehe
1 TL feingeschnittener Schnittlauch
1 EL gemischte Kräuter (Kerbel, Estragon, Thymian, Rosmarin)
Pfeffer
1 Scheibe Toastbrot
1 Tomate
12 Schnecken aus der Dose ohne Häuschen

Einen EL Butter mit Sahne, Wein, zerdrücktem Knoblauch und Kräutern verkneten, salzen und pfeffern. Beiseite stellen.

Toastbrot sehr klein würfeln und goldbraun in Butter rösten. Die Tomate kurz überbrühen, enthäuten, kleinwürfeln und entkernen. Salzen und in etwas Butter erwärmen. Die Schnecken im Einlegesaft erhitzen und abgießen.

In kleine Tontöpfchen füllen und die Kräuterbutter darübergeben. Mit Tomatenwürfeln und Brotcroûtons garnieren. Heiß servieren und Baguette dazu reichen.

Steinpilzconsommé

25 g getrocknete Steinpilze
½ l Kalbsbrühe
1 kleines Eiweiß
75 g frische Steinpilze
1 EL Öl
schwarzer Pfeffer
2 EL Schnittlauchröllchen

Getrocknete Steinpilze heiß abbrausen, in der lauwarmen Brühe einweichen und das leicht geschlagene Eiweiß einrühren. Die Brühe aufkochen, vom Herd nehmen und zugedeckt 15 Min. stehenlassen.

Ein Sieb mit einem Mulltuch auslegen, die Brühe in einen Topf durchlaufen lassen, ohne zu rühren oder zu drücken – die Brühe soll glasklar bleiben.

Die frischen Steinpilze putzen und in Scheiben schneiden. In heißem Öl kurz anbraten, salzen und pfeffern.

Die Pilzscheiben auf vorgewärmte Teller geben. Das wieder erhitzte Steinpilzconsommé abschmecken und darübergießen, Schnittlauch aufstreuen.

Mit frischem Brot servieren.

Hirschmedaillons

4 Hirschmedaillons (ca. 3 cm dick)
geriebener Ingwer
schwarzer Pfeffer
1 kleine Möhre
1 kleine Zwiebel
1 EL Öl
20 g Butter
¼ l Wildfond
2 EL Doppelrahm

Medaillons mit etwas Ingwer, Salz und Pfeffer gut einreiben und kalt stellen. Möhre und Zwiebel schälen und kleinwürfeln.

In einer Pfanne Öl und Butter erhitzen und die Medaillons bei mittlerer Hitze auf jeder Seite etwa 2-3 Min. anbraten – sie sollten innen saftig bleiben. Herausnehmen und in Alufolie wickeln, ruhenlassen.

Möhren- und Zwiebelwürfel im Bratensatz anschwitzen, mit Wildfond aufgießen und auf die Hälfte reduzieren. Sauce pürieren, durch ein Sieb streichen und den Doppelrahm unterrühren. Kurz durchkochen, mit einer Prise Zucker, Salz und Pfeffer abschmecken. Die Medaillons anrichten und den entstandenen Fleischsaft in die Sauce rühren. Mit Selleriepüree servieren, die Sauce getrennt dazu reichen.

Selleriepüree

250 g Sellerieknolle
2 EL Doppelrahm
1 EL braune Butter
1 EL geschlagene Sahne

Den Sellerie schälen und in kleine Stücke schneiden. In etwas Salzwasser weichkochen, das Wasser soll dabei völlig verdampfen. Doppelrahm dazugeben und kurz mitkochen, pürieren. Die braune Butter unterziehen, mit Salz abschmecken. Vor dem Auftragen die steif geschlagene Sahne unterheben.

Wintersturm

Riesengarnelen
Rinderfilet mit Leber und Rosinen
Apfel-Kartoffel-Gratin
Bratapfel mit Vanillesauce

Marinierte Riesengarnelen

2 ungespritzte Limetten
2 ungespritzte Orangen
Zucker
1 kleine rote Zwiebel
1 rote Chilischote
1 kleine Fleischtomate
1 Bund glatte Petersilie
Korianderblätter
8 rohe Riesengarnelen

Die Schalen einer Limette und einer Orange waschen, abreiben und mit dem Saft aller Früchte in einer großen Schüssel mischen. Je eine Prise Salz und Zucker einrühren.

Die Zwiebel schälen, in hauchdünne Ringe schneiden und in den Saft geben. Die Chili putzen, entkernen, sehr fein hacken und ebenfalls hinzufügen.

Die Tomate kurz überbrühen, enthäuten, halbieren und das weiche Fruchtfleisch entfernen. Kleinwürfeln und zur Marinade geben. Petersilie und Koriander fein hacken, gründlich in die Marinade hineinrühren.

Salzwasser aufkochen, die Garnelen waschen und hineingeben. Bei schwacher Hitze im geschlossenen Topf 4 Min. ziehen lassen. Abgießen, kalt abspülen und bis auf den Schwanz aus der Schale lösen. Den Darm vorsichtig entfernen. Die Garnelen in der Marinade wenden – sollten sie zu dick sein, vorher halbieren.

Rinderfilet mit Leber und Rosinen

2 Rinderfilets (je 100 g)
schwarzer Pfeffer
200 g Geflügelleber
1 EL Rosinen
2 EL Cognac
2 EL feingehackte Schalotten
Butter
100 ml Bouillon
2 EL Madeira
1 Lorbeerblatt
Thymian
Pfeffer
1 TL Tomatenpüree
½ TL Fleischextrakt
Cayennepfeffer

Filets kalt waschen, trockentupfen und mit dem grobgemahlenen Pfeffer einreiben. Die Geflügelleber in feine Scheibchen schneiden. Rosinen waschen und in Cognac einlegen.

Die Schalotten in ½ EL Butter 2-3 Min. dünsten, Bouillon zugeben und stark aufkochen. Madeira und Lorbeerblatt beifügen und bei schwacher Hitze auf die Hälfte reduzieren. Die Steaks beidseitig in 1 EL Butter stark anbraten, auf eine vorgewärmte Platte geben, salzen und warm stellen. ½ EL Butter in der Pfanne erwärmen und die Leber kurz anbraten. Vom Herd nehmen, mit Salz, Thymian und Pfeffer würzen.

Die Rosinen mit dem Cognac zum Bratenfond geben und mit Tomatenpüree, Fleischextrakt und dem Bratensaft der Steaks verrühren. Kurz aufkochen, vom Herd nehmen und 40 g Butter flockenweise darunterschlagen. Mit Salz, einer Prise Cayennepfeffer und Thymian abschmecken. Die Sauce mit der Leber mischen und auf die Steaks verteilen.

Apfel-Kartoffel-Gratin

200 g mehligkochende Kartoffeln
2 kleine säuerliche Äpfel
1 TL Butter
Pfeffer
10 Salbeiblätter
100 ml Schlagsahne
2 EL Olivenöl

Kartoffeln und Äpfel schälen, das Kerngehäuse entfernen. Kartoffeln und Äpfel auf einem Gemüsehobel in feine Scheiben schneiden. Eine Gratinform mit Butter einfetten, Apfel- und Kartoffelscheiben mischen und einschichten. Salzen und pfeffern. Grobgehackten Salbei darüberstreuen. Sahne und Öl vermischen und darübergießen.

Im auf 225° C vorgeheizten Ofen etwa 15 Min. backen. Dann die Temperatur auf 200° C reduzieren und weitere 20 Min. garen.

Bratapfel mit Vanillesauce

2 mittelgroße aromatische Äpfel
1 EL Marzipan
1 TL gehackte Mandeln
1 EL gehackte Pistazien
1 EL Rum
10 g Butter
⅛ l halbtrockener Weißwein

für die Sauce:
½ Vanilleschote
40 g Zucker
5 EL Milch
5 EL Sahne
1 Eigelb
1 Ei

Für die Sauce die Vanilleschote aufschlitzen, das Mark herausschaben und mit 20 g Zucker in die Milch-Sahne-Mischung geben. Zum Kochen bringen. Eigelb, Ei und den restlichen Zucker schaumig schlagen, die heiße Milchmischung langsam zugeben und in einem Wasserbad aufschlagen, bis die Creme eindickt. Kalt stellen.

Das Kerngehäuse der Äpfel mit einem Ausstecher entfernen. Das Marzipan mit den Mandeln, der Hälfte der Pistazien und Rum vermengen. Die Äpfel in eine feuerfeste Form stellen, mit der Masse füllen und mit Butterflöckchen belegen. Im auf 180° C vorgeheizten Ofen 20-25 Min. backen, dabei gelegentlich mit Wein begießen.

Die Bratäpfel auf zwei Tellern anrichten, mit Vanillesauce begießen und mit den restlichen Pistazien garnieren.

Exotisches Liebesmenü

Glücksrollen
Avocado-Suppe
Vietnamesischer Reis in Kokosmilch
Burmesisches Hühner-Curry
Obstsalat

Glücksrollen

1 Ei
100 g sehr mageres Schweinefleisch (Hals)
4 Reisblätter
2 mittelgroße Scampi
50 g frische Sojakeime
¼ Salatgurke
Kopfsalat
½ Bund Schnittlauch
½ Bund Minze
½ Bund Korianderblätter
⅛ l Hoisin-Sauce
1 EL zerkleinerte Erdnüsse
½ Stange Schalottenlauch

Das Ei aufschlagen, ein Omelett backen und kalt stellen. Das Schweinefleisch waschen, trockentupfen und etwa 15 Min. gar kochen. Dann in hauchdünne Scheiben schneiden.

Inzwischen die Reisblätter mit einem Wasserzerstäuber befeuchten und auf ein feuchtes Tuch legen. Die Scampi mit Schale 5 Min. kochen, aus der Schale lösen und halbieren. Sojakeime waschen und abtropfen lassen. Die Salatgurke in feine Scheiben schneiden, den Kopfsalat verlesen. Das Omelett in Streifen schneiden.

Vier Salatblätter bereitlegen und mit folgenden Zutaten füllen: etwas Schweinefleisch, Sojakeime, ½ Scampi, Gurkenscheiben, Omelettstreifen, Schnittlauch, Minze und Koriander. Eine Prise Salz darüberstreuen.

Die Salatblätter einzeln zusammenrollen und in je ein Reisblatt einschlagen – eng, aber behutsam rollen.

Die Hoisin-Sauce in ein Saucenschüsselchen füllen und mit Erdnüssen bestreuen. Je zwei Glücksrollen auf einen Teller legen, mit Minze und Schalottenlauch garnieren.

Avocado-Suppe

1 reife Avocado
½ Tasse Crème fraîche
1 kleine Zwiebel
2 Knoblauchzehen
½ TL Pfeffersauce
Pfeffer
½ l heiße Hühnerbrühe
1 EL frischer Dill (oder andere frische Kräuter)

Die Avocado öffnen, das Fruchtfleisch herauslösen und mit einer Gabel fein zerdrücken. Die Crème fraîche zugeben und gründlich verrühren. Die gehackte Zwiebel und den zerdrückten Knoblauch gut in die Masse hineinrühren. Mit Pfeffersauce, Pfeffer und Salz würzen. Die Hühnerbrühe zugießen und 15 Min. bei schwacher Hitze unter ständigem Rühren köcheln.

Vor dem Servieren mit Dill bestreuen.

Vietnamesischer Reis in Kokosmilch

200 g Langkornreis
2 Kokosnüsse (400 ml Kokosmilch)
5 Gewürznelken
½ Stange Zimt

Reis kalt waschen und abtropfen lassen. Mit ¼ l Wasser aufgießen und zum Kochen bringen. Die Kokosmilch zusammen mit einer kräftigen Prise Salz unter den Reis rühren. Zugedeckt 3 Min. kochen. Den Reis weitere 2 Min. unter häufigem Rühren kochen, bis die meiste Flüssigkeit verdunstet ist. Die unterste Reisschicht nach oben rühren, Nelken und Zimt über den Reis streuen. Bei schwacher Hitze weitere 20 Min. garen.

Den Topf vom Herd nehmen, den Reis vorsichtig umrühren und zugedeckt 15 Min. stehenlassen.

Vor dem Servieren die Gewürze entfernen.

Burmesisches Hühner-Curry

1 kleines Hähnchen
¼ TL Safran
1 EL Sojasauce
2 TL Curry
2 Zwiebeln
3 Knoblauchzehen
½ TL Chili
Öl
3 Lorbeerblätter
1 TL Zimt

Die Hähnchen in Portionsstücke teilen, waschen und trockentupfen. Safran, Sojasauce und Curry miteinander vermischen und damit das Fleisch einreiben. Beiseite legen.

Zwiebeln, Knoblauch und Chili im Mörser fein zerreiben. In einem Topf Öl erhitzen und die Zwiebelmischung anbraten. Hühnerfleisch zugeben und anbraten. Lorbeerblätter, Zimt, 2½ Tassen Wasser zugeben, salzen und etwa 1 Std. schmoren.

Obstsalat

nach Belieben:
Lychees
frische Ananas
Bananen
Papayas
Mangos
Sternfrüchte
Pamelos

1 EL flüssiger Honig
2 EL Kokosraspel

Früchte zerteilen und mit einer Prise Salz bestreuen. Honig unterziehen und mit Kokosraspel überstreuen.

Rezeptregister

Bezugsadressen

Alraun Kräuterversand
Postfach 13 22 · D-65503 Idstein
Telefon (061 26) 555 75 · Fax 556 69
Samen und Kräuter, Literatur

Blauetikett Bornträger GmbH
Wormser Straße 1 · D-67591 Offstein
Telefon (062 43) 90 53 26 · Fax 90 53 28
Heil- und Gewürzpflanzen, Samen und Kräuter

Elixier
Kollwitzstraße 54 · D-10405 Berlin
Telefon und Fax (030) 442 60 57
Kräuter, Samen, Tränke, Rauch- und Räuchermischungen, Literatur

Kawumm Versand
Deutschherrnpfad 14-20 · D-66117 Saarbrücken
Telefon (06 81) 540 42 · Fax 540 43
Cannabissamen und Guarana-Produkte, Literatur

Kräuterhaus Lindig
Blumenstraße 15 · D-80331 München
Telefon (089) 26 57 26
Kräuter und Gewürze